# Im Zeichen der Lilie

## Das messianische und sophianische Zeitalter

*Die großen kosmischen Lehren
des JESUS von Nazareth*

*Das Ewige Wort,*
*der Eine Gott, der Freie Geist,*
*spricht durch Gabriele,*
*so wie durch alle Gottespropheten –*
*Abraham, Hiob, Mose, Elia, Jesaja,*
*Jesus von Nazareth,*
*der Christus Gottes*

*Die großen
kosmischen Lehren des
JESUS
von Nazareth
an Seine Apostel und Jünger,
die es fassen konnten*

*Das Leben
der wahren gotterfüllten Menschen*

*Offenbart von Christus,
dem Sohn Gottes und Erlöser aller Seelen
und Menschen,
durch die Prophetin Gottes,
Gabriele*

Gabriele-Verlag
Das Wort

*Die großen kosmischen Lehren des*
*JESUS von Nazareth an Seine Apostel*
*und Jünger, die es fassen konnten*

6. Auflage Oktober 2022

© Gabriele-Verlag Das Wort GmbH

Max-Braun-Str. 2, 97828 Marktheidenfeld
Deutschland

Tel. +49 (0)9391/504-135, Fax -133
www.gabriele-verlag.com

Alle Rechte vorbehalten.

Druck: KlarDruck GmbH, D-Marktheidenfeld

ISBN 978-3-89201-109-5

# Inhalt

## *Vorwort*

Gott ist absolut. Er ist das Absolute Gesetz der Unendlichkeit. Da wir aus Ihm sind, sind auch wir in unserem Innersten Absolutes Gesetz, die Gottes- und Nächstenliebe. Gott ist – und wir sind göttlich. Er ist unser Ursprung und unser Ziel.

In der mächtigen Zeitenwende, in der wir leben, gießt der Geist Gottes die ganze Fülle Seiner Wahrheit in diese Welt. Jetzt hat der Geist der Wahrheit, Christus, wahrgemacht, was Er als Jesus von Nazareth ankündigte: *»Wenn aber der Geist der Wahrheit kommt, so wird Er euch in die ganze Wahrheit führen.«*
Er ist gekommen im Prophetischen Wort durch Gabriele, Seine Lehrprophetin und Botschafterin. Die ganze Wahrheit, so weit, wie sie mit unseren dreidimensionalen Worten dargelegt werden kann, ist das Absolute Gesetz Gottes.
Im Jahre 1991 offenbarte Christus durch Seine Prophetin das Absolute Gesetz: Die großen kosmischen Lehren des Jesus von Nazareth an Seine Apostel und Jünger, die es fassen konnten. Das Leben der wahren gotterfüllten Menschen.

Die Lehren des Absoluten Gesetzes erinnern uns daran, wer wir in Wahrheit sind. Sie geben uns eine Ahnung unseres wahren Seins, das lautet: In jedem von uns ist in der Tiefe der Seele das absolute, selbständige und selbstlose Wesen. Das Absolute Gesetz ist der Ursprung unseres wahren Seins und unser Ziel als Mensch und Seele.

Wer es fassen kann, der fasse es.

Am 31. Dezember 1991 offenbarte Christus durch Gabriele unter anderem Folgendes:

*»Sehet: Ihr lebt in einer herrlichen Zeit. Es ist die höchste kosmische Zeit; denn der Geist des Lebens, Gott in Mir und Ich in Ihm, gießt das Höchste aus: das Absolute Gesetz.*

*Noch spreche Ich durch Menschenmund. Doch wisset und erfasset in dieser Stunde: Die Seele Meines Instrumentes, eurer Schwester, lebt in der unmittelbaren Quelle. Sie schöpft aus der Quelle, empfängt aus der Quelle – und so empfanget ihr Mein unmittelbares Wort.*

*O sehet: Es ist eine Zeit für die Menschen, die nie wieder kommen wird. Denn wenn das Absolute Gesetz in allen Details gelehrt wird, dann ist das Ende vor der Türe, das Ende der materialistischen Zeit ...*

*Die Lehren aus dem Absoluten Gesetz zeigen den Menschen das innere Erbe auf, das ewige Sein der Seele, das allumfassende Bewusstsein, Gott – euer geistiges Erbe. Der Innere Weg führt euch schrittweise zum Inneren Leben, und das Absolute Gesetz, gegeben und gelehrt aus der unmittelbaren Quelle, Gott, zeigt euch euer wahres Sein auf, euer geistiges Erbe, auf dass ihr ganz allmählich wisst und erkennt, dass ihr wahrlich Kinder des Allerhöchsten seid ...*

*O sehet: Das Füllhorn wird ausgegossen – der Innere Weg und das Absolute Gesetz. Erkennet darin, dass das Absolute Gesetz, gegeben in allen Details, schon das Ende der materialistischen Zeit symbolisiert. Denn absolut ist nun mal absolut. Darüber hinaus gibt es nichts mehr ...«*

Die großen kosmischen Lehren, höchste Offenbarungen des Christus Gottes, zeigen uns den Weg zu unserem geistig-göttlichen Erbe, in das ewige Gesetz der Gottes- und Nächstenliebe.

Gabriele-Verlag Das Wort

## Einführung

Wir leben in einer mächtigen Umbruchs-zeit. Der Geist Gottes gießt Sein Füllhorn aus. Wir empfangen den Inneren Weg von der Stufe der Ordnung bis zur Stufe des gött-lichen Ernstes. Wir empfangen darüber hin-aus das Absolute Gesetz, die großen kosmi-schen Lehren des Jesus von Nazareth, und dürfen so in unser geistiges Erbe eintauchen. Wir dürfen hineinspüren in das Leben tief in unserer Seele, das unsere Heimat ist, und so erfahren, wer wir in Wahrheit sind.

Ein Schatz aus den Himmeln ist uns gege-ben. Sind wir bereit, den Schatz zu empfan-gen, dann werden wir ihn auch heben; denn der Schatz ist Gott, und Gott, das Leben, ist in uns.

Wollen wir Gott näherkommen, dann müssen wir die göttlichen Gesetze wieder erlernen und anwenden; sonst können wir uns nicht mit dem großen Geist, Gott, dem Ewigen, Absoluten, einen.

Wir beten zu Gott, unserem Vater. Wir hören von Gott, unserem Vater, von Christus, unserem Erlöser, und von den Geistwesen der Himmel. Für so manchen ist Gott nur ein

Wort, etwas Abstraktes – er fühlt sich noch fern von Ihm. Warum fühlen sich viele von uns noch fern von Gott? Weil wir uns noch nicht bewusst gemacht haben, was Gott, der All-Eine, uns geschenkt hat. Er schenkte uns die Unsterblichkeit, weil Er unsterblich ist. Er schenkte uns jede kosmische Strahlung, weil wir Seine Erben sind. Er schenkte Sich uns ganz.

Wer ist Gott?

Gott ist Geist, Kraft, strömendes Leben. Gott ist das Licht, das uns durchdringt. Gott gab sich selbst die geistige Form: der ewige Vater. Er ist ein Geistwesen, wie auch wir im reinen Sein Geistwesen sind. Er jedoch ist in Seiner Strahlung unübertroffen. Gott ist also fließende Energie. Der ewige Vater hingegen ist ein Wesen, so, wie auch wir im göttlichen Sein göttliche Wesen sind.

Erst dann, wenn wir wieder von jeder kosmischen Strahlung gänzlich durchstrahlt sind, leben wir als Tropfen im Ozean Gott und sind wieder eins mit Gott, unserem Vater, und Seine Ebenbilder.

*Gabriele*

## Zum Geleit

*I*ch, das ewige Gesetz, der Christus Gottes, erkläre dir das Ich Bin, das ewige Sein, das auch du in Mir bist.

Das, was Ich des Öfteren wiederhole, die Wahrheit, und was Ich aus den drei Kindschaftseigenschaften – Geduld, Liebe und Barmherzigkeit – erkläre, ist für dich, auf dass du Mich, den Christus Gottes, in dir findest.

Ich beleuchte das Sein – Mich und dich – aus verschiedenen Perspekten, auf dass du die Klarheit über Mich und über dich erlangst und dich in einer oder in einigen Wiederholungen findest, um auch Mich zu finden, der Ich in jeder Wiederholung Bin. Denn Ich Bin in jeder Wiederholung die Wahrheit, die nur wieder anders gesprochen, das heißt anders beleuchtet ist – für dich.

*ICH BIN das Alpha und Omega, der Anfang und das Ende des materiellen Universums und der Seelenreiche.*

*Ihr sollt in Mir und mit Mir in das ewige Leben hineinreifen, wo Ich im Vater Bin, so wie auch ihr mit Mir im Vater seid. Dort gibt es weder Anfang noch Ende, weil Gott ist und wir in Gott sind. Denn Ich, der Christus Gottes, erhebe alles zum Licht der Wahrheit.*

*Ich Bin das Leben, Christus, der Sohn Gottes. Wer Mich, den Geist des Lebens, Christus, in sich erstehen lässt, der hat sein geistiges Erbe, das sein ewiges Leben ist, wiedergefunden. Dann kehrt das Wesen heim zu Gott, dem ewigen Vater, da es aus Ihm ist.*

*Alle werden in Mir auferstehen. Alle, die glauben, verloren zu sein, werde Ich finden. Und die Schwachen werden in Mir erstarken; denn Ich Bin die Herrlichkeit im Vater.*

*Er, der große All-Eine, hat Mir die Aufgabe übertragen, alles, was verloren schien, zurückzuführen in das ewige Sein.*

*Als Jesus von Nazareth sprach Ich zu denen, die Mich verstehen konnten, ohne Gleichnisse vom Gesetz des Lebens. Für die, die Mich nicht verstehen konnten, waren die heiligen Worte Geheimnisse; deshalb sprach Ich immer wieder in Bildern. Doch jetzt ist die Zeit gekommen, da Ich, Christus, allen das Gesetz des Lebens offenbare, auf dass sie Mich finden; denn Ich Bin unterwegs, um Mein Reich auf der Erde aufzurichten.*

*Wer Ohren hat, der höre!*

*Ein neues Menschentum entsteht. Ich, Christus, bringe den Meinen, die Mir wahrlich nachfolgen, die innere Reform, die geistige Erneuerung, für das Innere Leben. Die Sinneswelt vergeht – die geistige Welt steigt empor und mit ihr all jene, die auf Mich, Christus, ausgerichtet sind. Sie sind die Edlen, die Feinen, die das Innere Leben bringen, das neue Menschentum in Mir, dem Christus.*

*Viele Weltbezogene werden auf den Acker des Todes schauen und am Ende mit leeren Händen in das Reich des Todes eingehen, in welchem sie als geistig Tote leben. Es sind jene, die ihr irdisches Dasein nicht gemeistert haben, die in der Erdenschule das Wachstum des Inneren versäumt haben.*

*Der neue Mensch pflegt die Gemeinschaft, denn er hat den Gemeinschaftssinn entwickelt, das Gemeinwohl: Einer für alle, und alle für Einen.*

*Der neue Mensch in Mir, dem Christus, kennt keine Gewalttätigkeit, kennt keinen Besitzanspruch und kein Machtdenken.*

*Er ist der Lichtbringer, der das Licht ausstrahlt und alle mit dem Licht der Wahrheit entzündet, die wahrlich nach der Wahrheit streben.*

*Das neue Menschentum und die neue Erde sind um einige Schwingungsgrade höher. Diese kann der Weltbefangene, der Habgierige, der nach Macht und Ansehen Strebende nicht mehr erreichen. Er fällt in seine eigenen Fluten, in sein Selbstgeschaffenes.*

*Das neue Menschentum sind die Menschen mit geistigem Adel, mit inneren Werten, denn Ich, Christus, Bin in ihnen auferstanden.*

*Der neue Mensch im Zeitalter des Geistes wird das Erdreich besitzen.*

*Das ewige Sein strömt durch alle Reiche und auf die Erde. Wer zur Wahrheit erwacht ist, der ist zum Sein erwacht, zur schöpferischen Kraft und zum schöpferischen Leben, das die Erde durchflutet, das die Menschen durchdringt, die ihre Seelen adeln. Diese Menschen bringen die schöpferischen Gedanken für die neue Erde.*

*Erfasset, ihr Menschen dieser Zeit: Sobald der Mensch umkehrt und dem materialistischen Treiben entsagt, geht er einwärts in das Reich der Stille. Kaum hat er den einen Schritt getan, erkennt er, dass Gott, der Ewige, ihm diesen Weg schon längst vorbereitet hat.*

*Der Mensch, welcher der Wahrhaftigkeit zustrebt, überwindet sein niederes Ich nicht um seiner selbst willen, sondern, um wieder göttlich zu werden.*

*Was Ich euch offenbare, ist der Weg zum göttlichen Gesetz und auch das göttliche Gesetz selbst.*

*K*ommet alle zu Mir her, denn Ich Bin das Leben, das euch reich macht.

Ich Bin der innere Reichtum, Christus, der sich euch schenkt. Öffnet eure Herzen – und ihr werdet Herzensdenker, die einwärts blicken und so das Reich des Inneren auf die Erde kommen lassen.

Ich Bin das Reich des Inneren. Deshalb kommet in euer Inneres, und wisset: Jeder von euch ist der Tempel des Heiligen Geistes. Reinigt den Tempel; dann heiligt ihr eure Empfindungen, Gedanken, Worte und Werke, und ihr werdet der neue Mensch sein, der nicht statisch, sondern dynamisch denkt, der die drei Dimensionen durchdringt, weil er das Kind des Alls ist – der Sohn und die Tochter Gottes, welche die Sohn- und Tochterschaft leben, weil sie in Gott, ihrem Vater, leben.

*Ich Bin alles in allem.*

*Schaue den Strauch an – und du wirst Mich
finden.*
*Hebe den Stein auf – und du wirst Mich finden.*
*Blicke zu den Gestirnen – und du nimmst
Mich wahr.*
*Schaue tief in den Menschen – und du
findest dich selbst und somit Mich, Christus,
das Selbst in dir.*
*Betrachte das Tier – und du findest Mich.*
*Spüre den Wind – und du vernimmst Mich.*
*Betrachte den Wassertropfen –*
*und du betrachtest*
*dich in Mir.*

*Denn Ich Bin das Leben in allem,*
*und du bist das Leben in allem,*
*und alles ist in Mir, und alles ist in dir.*
*Wir sind geeint in Ihm, dem großen All-Einen,*
*der i s t ewiglich –*
*der Strom des Seins und*
*das personifizierte Sein.*
*Er ist der Strom des Alls und der Tropfen selbst.*

*D*ie Kräfte des Alls sind nur dem verborgen, der sein wahres Selbst nicht kennt. Wer die Kräfte des Alls erfahren möchte, der muss sie enthüllen durch Verwirklichung.

*W*as du siehst, in dem Bin Ich.
Was du hörst, in dem Bin Ich.
Ich Bin alles-in-allem, das Ganze.

Bist du zum Ganzen erwacht, dann bist du
das Sein.
Du schaust das Sein.
Du hörst das Sein und sprichst die Sprache
des Seins.
Du schaust, hörst und sprichst Mich;
denn Ich Bin das Ganze in dir.
Ich Bin das Ganze in deinem Nächsten,
in dir,
in der Blume, im Grashalm und im Stein.
Ich Bin dein – du bist Mein.
Ich Bin das All – und du bist das All in Mir,
dem All.

Du fragst nicht – du weißt.
Du siehst nicht – du schaust.
Du horchst nicht – du hörst und weißt.

*S*ieh niemals nach außen. Das Licht ist in dir.

In dir ist die Wahrheit, die um alle Dinge weiß, die alle und alles kennt. Du brauchst dich nicht nach deinem Nächsten umzusehen, du brauchst die Dinge nicht von außen zu betrachten – was ist, das ist in dir.

Alles, was du siehst, ist nur die Spiegelung der Wahrheit, Reflexion also, die nicht die absolute Wahrheit ist.

Was innen in dir ist, das Licht, die Wahrheit, was du im reinen Sein als Wesen in Gott bist, das hat im Himmel in reinster Substanz Gestalt und Form angenommen.

Was im Innersten deiner einverleibten Seele, im Seelengrund, ist, ist das unbelastbare Licht, die ewige Wahrheit. Es ist und bleibt das Sein ewiglich.

Nur ein vorgegebenes Quantum göttlicher Energie wurde durch den Abfall eines Wesens von Gott in Fallenergie verwandelt, woraus Fallreiche, Fallwesen und Menschen entstanden. Dieses Quantum göttlicher Energie wurde den weiteren Fallwesen vom Ewigen zum Erhalt ihres Lebens gegeben. Es ist heruntertransformierte göttliche Energie. Deshalb sind die Materie und alle heruntertransformierten Energien nur Spiegelungen des reinen Seins.

In der ganzen Unendlichkeit gibt es nur ein Prinzip: Senden und Empfangen. Was du sendest, das bist du; das strahlst du aus. Was du ausstrahlst, das kommt auch wieder auf dich zurück.

Wer im Innersten, in Gott, lebt, der ist göttlich. Er strahlt das ewige Gesetz, das Reine, Schöne, Feine, die absolute Liebe, aus – das Sein, das er ist.

Das ewige Gesetz, das Reine, Schöne, Edle, Feine, die absolute Liebe, strahlt das, was von dem Gotterfüllten ausgeht, dann auch wieder in ihn ein und durch ihn hindurch.

Im Sein, das ewig ist, lebt das reine Wesen und hat im ewigen Sein sein Dasein, weil es selbst das ewige Sein ist, das ewige Gesetz, Gott: die Reinheit, Schönheit, Freiheit, das Edle und Feine, die selbstlose Liebe. Das reine Wesen ist das Sein im Allstrom, in Gott, im Sein.

Die belasteten Seelen in den Stätten der Reinigung und die einverleibten belasteten Seelen, die Menschen, leben nicht als das

Sein und bewegen sich auch nicht im Strom des Seins.

Wer nicht in Gott lebt, der lebt in seiner selbstgeschaffenen Welt, die aus seinen menschlichen Empfindungen, Gedanken, Worten und Handlungen besteht, die er sein »Sein« und sein »Selbst« nennt. Das ist die kleine Welt des menschlichen Ichs.

In dieser kleinen Welt lebt er, bewegt er sich und glaubt, einzig dort sein Dasein zu haben.

Er sieht dann nur mit den Augen seiner kleinen Welt, die mit einem Kokon zu vergleichen ist. Damit sieht er dann auch nur auf die kleine Kokonwelt seines Nächsten.

Er sieht nur die Oberfläche des Lebens, die Spiegelung, weil er nur im Äußeren lebt und sich nur in seiner kleinen Welt, in seinem Kokon, bewegt, den er selbst gesponnen hat mit seinen belasteten Empfindungen, Gedanken, Worten und Handlungen. Das ist sein Bewusstseinsstand.

Die Fäden der kleinen Kokonwelt sind gleichsam die Wände, auf die er blickt und die er als »die Wahrheit« bezeichnet. Da er nur auf die Wände seiner kleinen, eigenen Welt blickt, sieht er auch nur auf die Wände der kleinen

Welt seines Nächsten. Er sieht also nur in die Spiegel der Wahrheit und schaut nicht die Wahrheit selbst.

Er spricht von der Wahrheit und meint damit die Spiegelung der Wahrheit, das, was er selbst eingegeben hat, womit er sich selbst umsponnen hat, woran er glaubt, weil er nur das sieht. Er glaubt also nur das, was er sieht, und das nennt er die Wahrheit.

Es gibt im ganzen All nur ein Prinzip: Senden und Empfangen. Jeder sendet sich selbst – das, was er ist, sein Empfinden, Denken, Sprechen und Handeln.

Das reine Wesen lebt und wirkt in und aus dem reinen ewigen Gesetz, dem Allgesetz.

Der Unreine lebt in seiner kleinen, selbstgeschaffenen Welt, die aus seinem Unreinen besteht, also aus dem Unrat seiner Empfindungen, Gedanken, Worte und Handlungen. In dieser seiner Kokonwelt lebt und bewegt er sich und empfindet, denkt, spricht und handelt so, wie er ist, woraus seine Kokonwelt besteht.

Der belastete Mensch ist mit einer Raupe zu vergleichen.

So lange spinnt sich der belastete Mensch – die Raupe – in seine kleine Welt ein, bis er erkennt, dass er sich entpuppen, das heißt entfalten, muss, um ein Falter, ein Wesen des Lichts, zu werden, das in Gottes ewigem Allgesetz lebt, sich bewegt und im Ewigen sein ewiges Dasein hat, in dem Allprinzip, das ist und das sich selbst als das Selbst spricht: das Reine, Feine, Edle, Schöne, die selbstlose Liebe, das Allgesetz, die Absolutheit, das ewige Sein, die ewige Wahrheit.

Deshalb muss sich jede Raupe entfalten, also das aufwickeln, womit sie sich umsponnen hat, um sich darin zu erkennen, um das Erkannte zu bereuen, um Vergebung zu bitten und zu vergeben und das Erkannte nicht mehr zu tun.

Dann lösen sich die Fäden seines Kokons auf; die Mauern fallen, auf die der Mensch bisher blickte und die er die Wahrheit nannte – seine kleine Ichwelt, die nur die Spiegelung der Wahrheit war. Die lichte Seele und der nach innen, zum Allerheiligsten, gekehrte Mensch schauen dann das ewige Sein, die ewige Wahrheit, in sich selbst.

Das ewige Selbst ist die Wahrheit. Wer zur Wahrheit geworden ist, ist selbst die Wahrheit, *das Selbst, das Sein, das Ich Bin, das ewige Gesetz der Liebe.*

*Mit den Augen der Wahrheit schaut der Mensch in sich auch das, was außen ist. Er durchdringt die Spiegelung der Wahrheit und schaut in allen Menschen, Geschehnissen, Gesprächen und Ereignissen die Wahrheit.*

*Er sieht mit den Augen der Wahrheit auch das Unwahre. Er kann nicht getäuscht werden, weil er die Wahrheit ist und mit den Augen der Wahrheit schaut und alles in der Wahrheit spricht, bespricht und vollzieht.*

*Er ist also die Wahrheit, die das ewige Gesetz des Alls ist, in dem er lebt, in dem er sich bewegt, aus dem er schöpft und mit dem er wirkt.*

*Er ist die Wahrheit, das Gesetz, in jeder Empfindung, in jedem Gedanken, in jedem Wort und in jeder Handlung.*

*Da die Wahrheit, das Sein, das ewige Gesetz, in dir ist und das Wahre, das Ewige, zuerst in dir Form und Gestalt annimmt und dann erst im Äußeren, in deiner Umgebung und in der Welt, musst du in dir leben, im Allheiligen, der in dir wohnt.*

*Deshalb erkenne: Du bist der Tempel des Einen, Heiligen, der in dir wohnt.*

Merke dir folgenden Satz der Wahrheit und lebe danach:

Wohne in dir, denn du bist der Tempel des Einen, Heiligen, der in dir wohnt.

»Wohne in dir« heißt:

Lass keinen menschlichen, eigensüchtigen Gedanken zu.

All dein Empfinden, Denken, Reden und Tun erhebe zu Gott.

Sprich nur, wenn du gefragt wirst, und dann ausschließlich nach dem ewigen Gesetz der Tempelordnung – nicht zu viel und nicht zu wenig; das Maß liegt in dir. Oder sprich, wenn es für deinen Nächsten von Bedeutung ist, wenn du ihm Gaben des Lebens mitgeben kannst.

Frage nicht aus Neugierde. Wenn möglich, frage überhaupt nicht; denn was du hören und wissen sollst, wird dir Der zuführen, der in dir wohnt.

Und wenn dein Nächster neben dir in Meditation oder in Gedanken versunken ist, sprich ihn nicht an, um ihm deine menschliche Weisheit nahezubringen, denn du weißt nicht, wo er sich gerade befindet, mit wem oder mit was er in Kommunikation steht.

*Störe deinen Nächsten nicht – dann wirst auch du niemals gestört werden, weil du dann die Wachsamkeit selbst bist.*

*Und wenn dein Nächster speist oder arbeitet, störe ihn nicht, außer du hast ihm Wichtiges und Wesentliches mitzuteilen, denn du weißt nicht, mit wem oder mit was er in Kommunikation steht.*

*Vergeude keine Energie; denn damit schwächst du deine Seele und deinen Leib. Zugleich verlässt du die heilige Stätte in deinem Innersten, die Gottheit in dir, und begibst dich außerhalb von dir.*

*Du beginnst dann, dich an den Tempel deines Nächsten anzulehnen, und beginnst zu fordern, weil deine seelische und physische Energie abnimmt.*

*Wer nicht in seinem Tempel wohnt, der vergisst allmählich, dass er selbst der Tempel des Heiligen Geistes ist, weil er nicht mehr die Tempelordnung hält, die besagt:*

*Bleibe in dir. Im Allerheiligsten erfährst und empfängst du alles für dich und für deinen Nächsten. In dir vernimmst du alles, was du sagen oder nicht sagen sollst. Im Allerheiligsten, in dir, empfängst du auch die Kräfte für deine tägliche Arbeit.*

*Wer seinen eigenen Tempel nicht rein hält, der baut äußere Tempel oder erhält diese durch seine Energie in Form der Bejahung von Riten, Dogmen und Kulten und mit seinen Talenten und Talern. Er wird dann zum Gefangenen einer Ordnung, welche nicht die heilige Ordnung, Gott, ist.*

*Wer in Gott, in seinem Tempel, zu Hause ist, der lebt im Innersten, im Allerheiligsten, und wird niemals in den Tempel seines Nächsten eindringen und ihn schänden.*

*Dringe also niemals mit deinen hartnäckigen Wünschen, mit deinem Wollen, mit deinen Vorstellungen und Meinungen in den Tempel deines Nächsten ein.*

*Wirke niemals bestimmend und fordernd auf deinen Nächsten ein, und zwinge ihn auch nicht, das oder jenes zu tun. Erfüllt er dein Drängen einzig, um dir einen Gefallen zu erweisen oder vor dir Ruhe zu haben, so bist du* zum Räuber und Plünderer geworden, denn du hast ihm einen Teil seiner Lebenskraft geraubt.

Achte den Tempel deines Nächsten, denn auch er soll die Tempelordnung erlernen und über seine Schwächen und Fehler – die er nur dann sieht, wenn du ihm die Sicht nicht verwehrst – sich erkennen und das bereinigen, was ihm bewusst ist, damit auch er in das Allerheiligste einzukehren vermag, in seinen Tempel, der sich mehr und mehr reinigt.

Beachtest du die Gesetzmäßigkeiten der Tempelordnung, dann achtest du dich selbst und deinen Nächsten.

Wer sich selbst nicht achtet, der achtet auch seinen Nächsten nicht, weil er selbst die Tempelordnung, das Tempelgesetz, nicht hält.

Die Tempelordnung ist das Tempelgesetz; es ist das ewige heilige Gesetz; es ist das Leben in Gott und mit Gott.

Wer das Tempelgesetz hält, der erhebt seine Gefühle, sein Empfinden, sein Denken, sein Reden und Tun zu Gott, und somit ist er erfüllt von Gott, und was er empfindet, denkt, spricht und vollbringt, das beinhaltet göttliche Kraft.

Wer das Gesetz, Gott, hält, der ist eins mit seinem Nächsten und mit allem Sein, weil der, welcher das ewige Gesetz hält, das Sein ist.

*Merke dir:*

*Du bist der Tempel des Einen, Heiligen, der in dir wohnt.*

*Halte also deinen Tempel rein, indem du die Tempelordnung hältst.*

*M*ache dir täglich aufs Neue bewusst, dass in dir der Allweise, der Ewige, wohnt, der um alle Dinge weiß, der mit dir ist, der zu dir spricht, der jede Antwort und Lösung kennt.

*Am Morgen beim Erwachen, vor jedem Gespräch, bevor du eine Arbeit beginnst, wenn du deinen Nächsten begegnest und mit ihnen sprichst, denke daran:*

*Der Allweise, der Ewige, der um alle Dinge weiß, wohnt in dir.*

*Er spricht zu dir. Er spricht durch dich. Er führt dich durch die Gespräche. Er wirkt durch dich in jeder Situation. Er ist die Kraft bei der Arbeit.*

*Denke daran:*

*Lass nicht zu, dass sich Unnützes und Unlauteres in deinem Oberbewusstsein und in deinem Unterbewusstsein tummelt.*

*Wer bewusst lebt, der ist wachsam und kennt die Vagabunden, die sich anschleichen, um ihn zu verführen.*

*Nimm die Geißel der inneren Kraft, und treibe alles Unlautere, das sich anschleicht, von dir, damit es nicht in den geheiligten Tempel Einlass findet.*

*Durch die Bemeisterung deiner Gedanken und Sinne ist dein innerer Tempel rein geworden.*

*Was sich anschleicht, jegliche Verführung, treibe sie von dir!*

*Bevor du jedoch die Verführung von dir treibst, begrüße das Gute in ihr und lass es zu, dass es sich in dir bewegt.*

*Die Bewegung des Guten in dir bewirkt im Bösen, im Verführer, der hinter den Verführungen steht, Pein.*

*Die Pein ist das Gewissen, das beim Bösen anklopft und sich als Hilfe und Kraft zur Umwandlung bemerkbar macht und sich hierfür gleichzeitig anbietet. Dadurch hat das Böse die Möglichkeit zur Selbsterkenntnis und zur Bereinigung. Das Böse, das von außen kommt,* ist die Verführung, hinter der Verführer stehen, welche die negativen Kräfte auf dich lenken, um dich zu prüfen, ob du ihnen nicht doch unterliegst.

Das Gleiche geschieht durch dich, den Befreier, nur im umgekehrten Verlauf: Das Gute in dir klopft beim Bösen an, um es zur Einsicht, zur Selbsterkenntnis und zur Umkehr zu bewegen.

Fliegt also das Böse an, dann tritt vor die Pforte deines inneren Tempels und bringe dem Bösen die Gaben des Guten.

An der Reaktion der Fluggedanken, die du wahrgenommen hast, bemerkst du die Reaktion des Verführers. Spürst du, dass deine selbstlosen Gaben Anklang fanden, also angenommen wurden, dann gib noch weitere hinzu. Dann weise den Verführer auf das Christus-Gottes-Bewusstsein hin und tritt wieder in das innere Heiligtum, in deinen Tempel, ein.

Dort, in deinem Innersten, lass keine menschlichen Gedanken und Reaktionen zu. Bewahre das Gute des Verführers in deinem Innersten, und bewege es von Zeit zu Zeit; dann sendest du zu ihm das Allgesetz. Du

*sendest ihm also Gaben der selbstlosen Liebe.*
*Du jedoch gehe nicht auf Empfang; überlasse*
*das dem Christus Gottes und Seinem Kind,*
*dem Verführer.*

*Wie sich dein Nächster verhält und was er*
*sendet, das betrifft einzig den ewigen Vater*
*und Sein Kind.*
*Du halte die Tempelordnung:*
*Schweige!*

*Schweigen heißt, in der Stille zu sein.*
*Wer im Allerheiligsten, in Gott, lebt, durch*
*den lebt und spricht Gott.*
*Im Tempel Gottes können keine mensch-*
*lichen Gedanken existieren. Verweile ohne*
*Gedanken, also schweigend, in dir.*

*Und wenn du denkst, dann denke göttlich.*
*Und wenn du sprichst, dann sprich das*
*Gesetz Gott – sprich göttlich.*
*Rede nur göttlich, und nur dann, wenn dein*
*Nächster Gaben aus dem Gesetz des Lebens*
*wünscht.*

*Merke dir:*
*Deine reinen Empfindungen und deine*
*reinen Gedanken sind göttlich.*

*Deine selbstlosen, edlen, also ethischen
Sinne sind fein. Sie sind die Antennen in das
All, die in die Himmel ragen, weil du im Sein,
im Himmel, lebst und somit auch vom Himmel
empfängst.*

$\mathcal{S}$ieh niemals a u f deinen Nächsten, sonst
siehst du nur auf dich.

Erst wenn du gelernt hast, von deinem Innersten, vom Allerheiligsten, aus durch dich
hindurchzuschauen, dann durchdringst du
auch deinen Nächsten.

Solange du deinen Nächsten nicht zu durchdringen vermagst, hast du ihn auch nicht in
deinem Innersten aufgenommen.

Erst wenn du das Göttliche deines Nächsten, das auch in dir ist, entfaltet hast, dann
kennst du deinen Bruder und deine Schwester
in dir.

Solange du deinen Nächsten nicht zu
durchdringen vermagst, ist er dir fremd, weil
auch du noch ein Fremdling bist, fern vom
ewigen Sein.

Wenn ihr beide einander durchdringt, dann
sprecht ihr beide die Sprache des Seins, und ihr
seid bewusst geeint und auch geeint in Gott.

*Sage niemals: »Dieser Mensch ist mir fremd.«*

*Wenn dir auch die Hülle der Seele unbekannt, also fremd ist, so bleibe in dem Bewusstsein: Der Inhalt der Hülle, das Reine im Innersten der Seele, ist ein Teil von dir.*

*Kennst du deinen Bruder und deine Schwester nicht, dann kennst du dich auch selbst nicht, weil du den reinen Teil deines Nächsten in dir nicht entfaltet hast.*

*Solange du in »bekannt« und »fremd« trennst, bist du Gott fern.*

*Deshalb sieh dich niemals als Mensch, sondern schaue dich und deinen Nächsten als Abglanz und als Ebenbild Gottes und schaue ihn als deinen Bruder oder deine Schwester in dir. Dann erfährst du in dir, dass das Leben das Sein ist, weil es allgegenwärtig in dir und in allem ist – das Kleinste im Großen und das Große im Kleinsten.*

*D*enke über folgende Gesetzmäßigkeit nach:

*Du hast mit einem Menschen gesprochen, den du nur dem Namen nach kennst, denn du kennst das nicht, woraus er besteht. Auch dein Nächster, der nur in der Äußerlichkeit lebt, kennt sich selbst nicht, denn auch er weiß nicht, woraus er besteht. Er kennt sich also nicht, und du kennst ihn auch nicht. Kennt ihr euch beide also nicht, dann kennt ihr auch Gott nicht; daher ist jeder von euch einsam. Gott, der ewig liebende Vater, kennt jeden Einzelnen, weil Er jedes Kind liebt und in Seinem großen Vaterherzen trägt.*

*A*lles ist in dir. Das Leben ist in dir, und du erfüllst es aus dir heraus.

*Da sich alles zuerst in dir vollzieht, ist das ewige Sein schattenlos. Deshalb gibt es kein Oben und Unten, kein Vorne und Hinten, kein Rechts und Links.*

*Die All-Einheit ist ein mächtiger Kristall,
der in allen Facetten Inneren Lebens funkelt,
und jede Strahlung durchdringt jede Facette.*

*Der Mensch spricht von »oben« und »unten«, von »vorne« und »hinten«, von »rechts«
und »links«, weil er nur mit den äußeren Augen
sieht und nur die Reflexionen der Wahrheit
registriert. Durch das menschliche Fehlverhalten schuf er die Verdichtung, wodurch die
Denkweise der drei Dimensionen entstand,
da er mit seinen physischen Augen nur wieder auf die Wände seiner selbstgeschaffenen
Kokonwelt sieht und diese als real und als
seine Lebensqualität annimmt.*

*Die Dichte, die Materie, ist nichts anderes
als heruntertransformierte Gottesenergie, die
Umpolung des Lichtes in Schatten.*

*Wer in dieser Schattenwelt des Menschen
lebt, dessen Seele ist verschattet und ist als
Mensch auf der Erde, um das abzutragen,
was die Seele zur Verschattung des Ganzen
beigetragen hat – außer das Wesen des Lichts
kommt im Auftrag des Allmächtigen, um
die Wege anzuzeigen, wie der Mensch, die
verschattete Seele, aus dem Labyrinth seines
dunklen Ichs herausfindet.*

*W*illst du die Tempelordnung halten, dann mache dir bewusst: Das Leben ist ein Ganzes: es ist als Ganzes oben und unten, vorn und hinten, rechts und links. Hast du das erkannt und lebst du im Innersten deines Tempels, dann schöpfst du auch aus deinem Innersten.

Was für den Außenmenschen oben und unten, vorn und hinten, rechts und links ist, das ist für den Innenmenschen in ihm selbst das Leben, das Ganze.

Hältst du die Tempelordnung, dann lebst du im Tempel, im Allerheiligsten Gottes in dir, und du erfährst dich selbst. Hast du dich selbst als das Sein erfahren, dann kennst du deinen Nächsten, weil du das All, das Sein, kennst.

Du brauchst dann nicht zu suchen – du hast empfangen, weil das Sein ewig gibt. Es gibt in dir. Es strömt durch dich und offenbart sich in dir und in dieser Welt.

Erkennst du dich als das Sein und lebst du im Sein, dann brauchst du dich nicht umzuschauen, um die Wahrheit, das Sein, zu finden, weil du weißt, dass das, was hinten ist, das Gleiche ist wie vorn. Du brauchst nicht nach rechts oder nach links zu schauen, denn du weißt, dass rechts und links das Gleiche ist *wie hinten und vorn. Du brauchst weder nach oben noch nach unten zu schauen; du weißt, dass oben und unten das Gleiche ist wie vorn und hinten, wie rechts und links: das Leben, das Große im Kleinsten und das Kleinste im Großen, in dir, dem Sein.*

*Merke dir und trage es stets mit dir:*
*Gott ist gegenwärtig; Gott ist überall alles.*
*Im Größten ist das Kleinste, im Kleinsten das Größte, Gott.*

*Hast du dich gefunden, dann hast du Gott gefunden, und du bist im All zu Hause. Dann brauchst du dich nicht nach dem All umzusehen, nicht nach rechts, nach links, nach oben, nach unten zu sehen – in dir ist das All; in dir ist Gott; in dir ist dein Nächster; in dir sind alle Kräfte der Naturreiche.*
*Hast du dich gefunden, dann schaust du alles in dir, weil du selbst alles in allem bist.*

*Merke dir abermals, und trage es bewusst in dir:*
*Hältst du deinen Tempel rein, dann hast du alles in dir erschlossen, und du hast auch Achtung vor dem Tempel deines Nächsten und Ehrfurcht vor dem Allheiligen, der in dir*

*und in deinem Nächsten wohnt und in allen Lebensformen der Natur.*

*Du bist reich, denn das All ist in dir. Deshalb findest du alles in dir selbst – das Kleinste im Großen und das Große im Kleinsten.*

*Diese* und weitere Details des ewigen Gesetzes lehrte Ich, Christus, als Jesus jene Meiner Apostel und Jünger, die es fassen konnten. Immer wieder jedoch musste Ich ihnen auch den Weg zum ewigen Sein erklären, das Fallgesetz, das Gesetz von Saat und Ernte.

Das Fallgesetz ist heruntertransformierte Gottesenergie, die der Widersacher umpolte und gegen Gott anwenden wollte. Dieser Trugschluss trug die Wende in sich. Denn was der Mensch an Menschlichem sät, das erntet er – und nicht Gott oder sein Nächster.

In Gott gibt es keine Neugierde. Wer sich aus Neugierde umsieht, der sieht nur sein niederes Selbst, sich, das Ich, und schaut nicht sein wahres Selbst – daher kennt er sich auch nicht. Der Neugierige ist auf Suche nach etwas Neuem, um etwas für sich zu gewinnen oder für sich zu gebrauchen, weil es ihm an inneren Werten mangelt.

Der Neugierige ist die Begierde, die Gier. Er sieht und hört nur sich selbst.

Der Neugierige, der neugierig nach rechts, links, nach vorn, hinten, oben und unten sieht, ist auch der Verängstigte, der überall Gefahr für sich sieht. Er ruht nicht in Gott und lebt daher auch nicht in Gott und schafft sich dadurch selbst das, wovor er sich ängstigt. Er lebt in der Welt der Begrenzung und der Dichte.

Wer sich vor anderen ängstigt, der hat vor sich selbst Angst; er hat zu sich selbst kein Zutrauen. Für ihn ist die Dichte das Reale und zugleich bedrohend. In seiner Ängstlichkeit ist er ständig darauf bedacht, um sich zu blicken, damit ihm nichts geschieht. Neugierig blickt er nach vorn, nach hinten, nach rechts und nach links, nach oben und nach unten und wiegt sich so in Sicherheit, weil er der Ansicht ist, so den Umblick zu haben.

*Der Umblick, das Sehen nach oben und nach unten, nach rechts und nach links, nach hinten und nach vorn sollte in der Dichte, auf der Materie, einzig zur Orientierung sein; denn eure physischen Augen sind für die Materie, für die Dichte, geschaffen. Wer es so hält, der bleibt im Tempel des Inneren und beachtet die Tempelordnung.*

*Der wahre Weise ist der Kluge, der im Allerheiligsten bleibt und dort die Stille wahrt. Im Tempel der Stille empfängt der wahre Weise, der Kluge, Gottes unmittelbare Weisungen und Gottes Heil.*

*Bist du im Gesetz Inneren Lebens geübt, dann empfindest und denkst du göttlich und sprichst Sein Wort, das du bist – göttlich.*


*Wer als Tropfen im Ozean Gott lebt, der ist zum Gesetz Gottes geworden. Der Tropfen ist die Essenz des ganzen Ozeans. Alle Tropfen bilden wiederum den Ozean, Gott. Ein Tropfen ist dem anderen Tropfen gleich, weil alles in einem enthalten ist. Deshalb durchdringen alle Tropfen einander und bilden den Ozean, das Allgesetz, Gott.*

*Das Allgesetz, Gott, ist das Allerheiligste in dir. Dort ist absolute Stille.*

*R*uhe in dir – du bist.

Du bist das Sein, das sich an nichts reibt, über nichts erregt und an nichts Anstoß nimmt. Du bist das Sein – du durchschaust alles und alle; deshalb durchdringst du auch alles und alle.

Wer sich im Vorhof des Tempels bewegt oder auf den Straßen zum Tempel, wer also noch nicht in den Tempel eingekehrt ist, der lebt noch in der Unordnung seiner Empfindungs- und Gedankenwelt. Infolgedessen sieht er auch nur sich selbst, sein niederes Selbst, und spricht auch nur von sich selbst, seinem niederen Selbst, weil sein Bewusstsein die Unordnung noch nicht zu erfassen und zu durchdringen vermag.

Ein solcher Mensch spricht also nur sich selbst und sieht auch nur sich selbst und hört auch nur sich selbst – und kann auch deshalb seinen Nächsten weder schauen noch verstehen und hören, weil er nur sich selbst sieht und nur sich selbst spricht und nur sich selbst hört.

Solche Menschen haben kein Empfinden für ihre Nächsten. Was ihre Nächsten sprechen, das verstehen sie nicht, weil sie sich selbst nicht verstehen, da sie durch die Unordnung ihrer Empfindungen, Gedanken, Worte und

Handlungen und durch ihre groben und gie-
renden Sinne nicht hindurchzublicken vermögen. Sie sind verwirrt, weil ihre Empfindungs-
und Gedankenwelt wirr ist.

Das Wahre und das Alldurchdringende vollzieht sich einzig im Innersten deines Tempels,
im Allerheiligsten – mit dem Allheiligen und
durch den Allheiligen, Gott.

Einzig in dir schaust und erkennst du, wie-
viel der Gaben aus dem Schatz des Innersten
du deinem Nächsten geben kannst – was er
aufzunehmen vermag, um geistig zu wachsen
und zu reifen. In dir also schaust und hörst
du das Quantum, das du deinem Nächsten
reichen darfst, was ihm dann auch zum Wohle
gereicht.

Wisse: Wenn du das Sein geworden bist,
dann ist alles und sind alle in dir. In dir und
durch dich schaust, hörst, riechst, schmeckst
und tastest du, denn alles, was das Äußere in
sich birgt, das ist das Leben in dir.

Deshalb wohne in dir; dann schaust du in
allem auch dich, das Selbst, weil du das Selbst,
das Sein, bist und alles wiederum das Selbst,
das Sein, ist. Dann schaust du den Teil deines
wahren Selbst im Mineral, in der Pflanzenwelt,

in der Tierwelt und in den Gestirnen und nimmst alles Reine in dir, dem Reinen, wahr, als Licht, als Kraft, als einen Teil von dir. Was du im Äußeren schaust, das hat im Inneren, wie auch du, Licht und Kraft in sich, ist also als Essenz in dir und somit ein Teil von dir.

Wer in diesem edlen, feinen und reinen Bewusstsein lebt, der wird keine äußere Lebensform mutwillig zerstören, weil er dann diesen Lebensteil in sich selbst stört und somit zum Gestörten wird, der alles zerstört, von dem er glaubt, dass es ihm nicht diene. Durch diese Veräußerlichung entstanden Krieg, Mord und Entzweiung.

Erkenne, das besagt: Das, was du mutwillig tötest, Menschen, Tiere und Pflanzen, das verschattest du in dir; du störst dein eigenes Leben und bleibst der Gestörte, der Ichmensch, der zerstörend auf seine Umwelt einwirkt.

Du schaust das Sein in allem einzig in dir. Deshalb brauchst du nicht den Umblick – du hast die Umsicht in dir selbst.

*W*as im Himmel ist, das ist auch auf der Erde – nur abgewandt von Gott. Das Gesetz, Gott, ist selbstlose, unpersönliche Liebe; es schenkt und schenkt sich und gibt jedem gleich.

Das Gesetz von Saat und Ernte entstand durch die Eigenliebe, durch die personenbezogene Liebe. Sie besagt: Der eine ist mir näher als der andere. Wer mir näher ist, bekommt mehr – der andere bekommt weniger. Das ist die personenbezogene Liebe, die Eigenliebe, die eigensüchtige Liebe.

Was im Himmel ist, das ist in abgewandelter Form auf der Erde. Deshalb sind die Erde, das materielle Universum und die Reinigungsebenen nur die Spiegel des ewigen Seins. Das Gesetz von Saat und Ernte ist als Spiegelbild zu betrachten.

Der Himmel ist das Sein, das Reine, das alldurchstrahlende Gesetz, Gott. Das Gesetz von Saat und Ernte ist des Menschen »Sein«, das aus dem »mein« und »mir« besteht, das aus dem niederen Ich hervorging und hervorgeht.

Das Reine ist das Sein, das Selbst, das Ich Bin, das unpersönliche Leben, das Gesetz, Gott. Die reinen Wesen sind das Reine, das Selbst, das Sein, das Unpersönliche, das Ich

*Bin, das Gesetz Gott. Ihr Empfinden, ihr Wort und ihre Handlung ist das Gesetz, Gott, das Selbst, das Sein, das Unpersönliche, das Reine. Sie, das Gesetz – denn ihr Ätherleib ist Gesetz –, empfinden und sprechen sich selbst, das Reine, das Sein, das Selbst, das Unpersönliche, das Gesetz, Gott.*

Das Gesetz von Saat und Ernte kann global das Gesetz der Belastungen genannt werden. Es besteht aus den vielen Komponenten menschlichen Ichs, die zum Ichheitsgesetz der einzelnen Menschen wurden. Das Ichheitsgesetz jedes Einzelnen besteht aus seinen gegensätzlichen Empfindungen, Gedanken, Worten und Handlungen. Das Ichheitsgesetz kann auch das Personengesetz genannt werden, weil es sich auf die Person bezieht, die ihr Ich aussendet und das gleiche Sendepotential wieder empfängt.

Wer sein Personengesetz geschaffen hat, der lebt darin und ruft es über seine Seele dort ab, wo es gespeichert ist, in den Gestirnen. Dein Nächster kann sich dein Ichheitsgesetz nicht aneignen, außer er schafft Gleiches oder Ähnliches durch gleiche oder ähnliche negative Empfindungen, Gedanken, Worte und Handlungen.

$\mathcal{D}$ie reinen Wesen bewegen sich im ewigen Gesetz; sie sprechen das Gesetz und sind selbst das ewige Gesetz.

Jeder belastete Mensch bewegt sich in seinem Ichheitsgesetz, in seiner kleinen Welt, die er mit seinem Ich, dem »mein« und »mir«, geschaffen hat. Er spricht seine kleine Welt, das, womit er sein Ichheitsgesetz aufgebaut hat; diesem entsprechend empfindet er sich selbst, denkt er sich selbst, spricht er sich selbst und handelt so, wie er empfindet, denkt und spricht. Er empfindet, denkt, spricht und handelt also entsprechend seinem niederen Selbst, seinem niederen Sein.

Das menschliche Selbst, das niedere Ich also, hat kein Auge, kein Ohr und keine Sinne für den Nächsten, nur für sich selbst.

Das menschliche Selbst findet keinen Einlass in das göttliche Selbst, in das Allerheiligste, und kann daher auch nicht seinen Nächsten erspüren, erkennen, durchschauen und erfahren, weil im veräußerlichten Menschen die Selbstlosigkeit noch nicht entfaltet ist.

Das menschliche Selbst, das niedere Ich, hat mit dem göttlichen Selbst, mit dem alldurchstrahlenden Ich Bin, nichts gemeinsam.

*Der Reine spricht das Reine, das ewige Ge-
setz, Gott. Der Unreine spricht sein Unreines,
sein Ichheitsgesetz, das niedere Selbst.*

*Jeder spricht sich also selbst: der Reine das
absolute Selbst, das Ich Bin – der Unreine sein
niederes Selbst, sein niederes Ich, das nur auf
die Person bezogen ist.*

*S*ei still.

*In der inneren Stille wird dir bewusst, dass
du ein Wesen aus Gott bist, das in Gott ist,
denn der allewige Vater und du, Sein Kind,
sind eins. Du, das reine Wesen, lebst im Allerheiligsten, in dir, im Selbst, denn du bist der
Tempel Gottes, und der Allheilige wohnt in dir.*

*Sei still.*
*In dir ist die Stille, und du bist in der Stille.*

*Bist du still geworden, dann hast du keine
menschlichen Empfindungen, Gedanken,
Worte, Regungen und Neigungen mehr; du
bist durchdrungen von der Allstille, Gott.*

*In dir entfalten sich geheiligte Empfindungen und Gedanken; du sprichst beseelende Worte und handelst unpersönlich für das große Ganze.*

*Das wahre Selbst, das allumfassende, mächtige Ich Bin, teilt sich dir mit, und du bist der Glanz der Schönheit, du bist das Reine, das Edle und Feine, das Erhabene – weil du in dir, im ewigen Selbst, im Sein, wohnst und weil du bist, was der Himmel ist: Schönheit, Reinheit, der Adel, das Feine, das Erhabene, die Güte, die selbstlose Liebe.*

*Die Sonne der Liebe hat die Sprache des Lichtes. Die Sonne der Liebe leuchtet in dir und durch dich.*

*Dein Wesen ist der Glanz der Sonne, der selbstlosen Liebe.*

*Sei still, ganz still. Nichts und niemand regt sich in dir.*

*Die heilige Tempelordnung, die du bist, ist die strahlende, selbstlose Liebe, die Sonne der Gerechtigkeit, die Wonne deines Lebens, das Ich Bin.*

$\mathscr{W}$as du auch zu tun und zu erfüllen gedenkst – das wahre Selbst in dir, das Sein, empfindet, denkt, spricht und handelt durch dich.

Dein erhabenes, selbstloses Empfinden und Denken ist das Sein, das Göttliche, das du bist.

Das wahre Sein ist einzig auf die Sache und die Angelegenheit bezogen und tritt mit dem Reinen in der Sache und in der Angelegenheit in Kommunikation. Das Reine in der Sache und in der Angelegenheit sagt dir in deinem Inneren, wie du die Sache und Angelegenheit in die Wege leiten sollst, wie du planen sollst, wie du jede Situation klären kannst, wie du Unordnung in Ordnung verwandeln kannst und wie du Unbereinigtes bereinigen kannst.

In jeder Frage ist das Sein, die Antwort für dich.

In jeder Antwort ist das Sein – und eventuell wieder die Frage für dich.

In jedem Gespräch wirkt das Sein – du erfährst es in dir.

In jedem Wort ist das Sein – es spricht zu dir.

In allem, was du siehst und was dir begegnet, ist das Sein – es zeigt sich dir und spricht zu dir.

*Bist du in deinem Innersten, dann ist dein Tempel rein, und du stehst mit dem Reinen in Kommunikation.*

*Du hörst, was andere nicht hören;*
*du schaust, was andere nicht sehen;*
*du weißt, was andere nicht wissen;*
*du erkennst, was andere nicht erkennen;*
*du spürst, was andere nicht erspüren;*
*du riechst und schmeckst, was andere nicht riechen und schmecken;*
*du nimmst wahr, was andere nicht wahrnehmen –*
*weil du die Wahrheit bist, die Stille des Tempels, die selbstlose Liebe, das Gesetz, Gott.*

*Erkenne:*
*Jede Sache, jede Angelegenheit, jede Schwierigkeit, jedes Problem, jede Situation, jedes Gespräch, ja, jedes Wort spricht sich selbst.*

*Das Sein in der Sache, in der Angelegenheit, im Problem, in der Schwierigkeit, in jeder Situation, in jeder Handlung und in jedem Gedanken spricht wiederum das mächtige Selbst, das Sein.*

*Die Hülle, das Menschliche, spricht sich selbst. Die Kraft in der Hülle, das Sein, spricht ebenfalls sich selbst; es ist das Ich Bin.*

*Wer zum Sein, zum selbstlosen Selbst, geworden ist, der steht mit dem Reinen in Kommunikation. Er schaut mit den Augen der Wahrheit; er klärt, ordnet, bereinigt, plant und spricht aus dem ewigen Sein, dem selbstlosen Selbst.*

*Das niedere Ich kennt das Ich Bin nicht; doch das Ich Bin kennt das niedere Ich, weil das Ich Bin, das Sein, alles durchdringt.*

*Der Reine, der die Tempelordnung hält, wird sich bemühen, jede Situation aus dem Gesetz zu klären, jedes Gespräch gesetzmäßig zu führen, jede Sache, jede Angelegenheit, jedes Problem und jede Schwierigkeit aus dem Gesetz, Gott, zu lösen.*

*Will das menschliche Ich die Sache, die Angelegenheit, die Schwierigkeit, das Problem, die Situation oder das Gespräch mit seinem niederen Ich lösen, dann bleibt es entweder ungelöst, oder es führt zum Chaos.*

*Wisse:*
*Das Sein in allem ist der redende Gott; Er spricht zu dir aus der Sache, aus der Angelegenheit, aus der Schwierigkeit, aus dem*

Problem, aus der Situation, aus der Handlung, aus jedem Gespräch.

Alles ist Bewusstsein. Das Reine ist Bewusstsein, und das Unreine ist Bewusstsein. Das Reine spricht im Allerheiligsten – in dir, zu dir und gleichzeitig aus dir.

Das Unreine spricht das Unreine; es spricht die Belastung, es spricht aus der Unordnung heraus. Es spricht die Unordnung, und so kann es in der Welt nur wieder Unordnung geben.


*D*eine Augen sind das Licht der Seele.

Du siehst nur dich, du hörst nur dich.

Mit deinen Gefühlen, Empfindungen, Gedanken, Worten und Taten zeichnest du das Bild deiner Seele.

Das Bild deiner Seele ist dein Bewusstsein.

Jeder Bewusstseinsstand nimmt das wahr, was seinem Stand entspricht. Das geht in ihn ein, das ist er, das strahlt er aus, und das gibt er auch gleichzeitig wieder.

Kann dein Nächster das gleiche Bild sehen, das du mit deiner Gefühls- und Gedankenwelt, mit deinen Worten und Handlungen gezeichnet hast?

Jeder sieht auch das, was du ihm beschreibst, wieder anders – ganz nach seinem bildhaften Bewusstsein.

Jeder Mensch sieht auch seine Umgebung anders, wiederum ganz nach den Bildern seines Bewusstseins, die er sich selbst vorgegeben hat.

Auch die Geräusche, die in deinem bildhaften Leben auftreten, hört jeder wieder anders.

Machst du deinen Nächsten auf bestimmte Töne oder Farben oder Formen aufmerksam, dann wird er trotz deiner Beschreibung die Töne wieder anders wahrnehmen als du, und er wird die Farben und Formen wieder anders sehen als du.

Es ist möglich, dass dein Nächster sogar mehr Töne wahrnimmt als du oder mehr Farbnuancen sieht als du oder die Formen für ihn eine andere Gestalt haben, als du sie siehst.

Wer kann wem beweisen, dass er den richtigen Ton hört oder die richtige Farbe oder die richtige Form sieht? Kein Mensch kann dem anderen etwas beweisen, weil jeder anders sieht, fühlt, empfindet und denkt.

Viele Menschen sagen: »Ich kann es beweisen«, wenn sie ein Mensch bestohlen hat.

*Kann der Mensch wahrlich beweisen, dass er bestohlen wurde – oder wurde ihm nur das wieder genommen, was er in einer Vorexistenz seinem Nächsten entwendet hat?*

*Beide, der Bestohlene und der entwendet hat, verstießen gegen das Gesetz Gottes, denn keiner von beiden sollte seinem Nächsten etwas entwenden und es sein Eigen nennen.*

*Du sagst, du kannst beweisen, dass dein Nächster gelogen hat. Hat dein Nächster tatsächlich gelogen – oder hat er nur das gesagt, was du in deiner Gefühls- oder Gedankenwelt bewegst und was du letztlich selbst bist?*


*Erkenne: Alles hat zwei Seiten – außer du bist göttlich; dann bist du die Wahrheit und lebst allbewusst.*

*Dann wirst du dich auch nicht erregen, sondern die Wahrheit sprechen, wirst alles klarstellen und es dann dabei belassen.*


*Wer an seinem Nächsten etwas auszusetzen hat, das ihn längere Zeit bewegt, der kann sicher sein, dass er mit diesem Aussatz selbst befallen ist.*

*Mit dem, was du an deinem Nächsten auszusetzen hast, setzt du dich durch das*

Prinzip Senden und Empfangen jenen Kräften aus, die du mit deinen Gefühlen, Empfindungen, Gedanken und Worten gerufen hast.

Erkenne dich selbst und wandle dich, auf dass du verwandelt in die Stätten des Heils einzugehen vermagst.

Ich gebe euch eine Übung zur Selbsterkenntnis:

Jeder betrachtet z.B. den gleichen Bereich einer Landschaft. Jeder sieht darin andere Aspekte. Was der eine sieht, das ist sein Bild und nicht das Bild seines Nächsten.

Im Landschaftsbild bewegt sich ein Tierlein. Jeder registriert das Tier – und doch sieht und empfindet es jeder anders.

Die Wahrnehmung des Einzelnen gehört zu seinem Bild und nicht zum Bild seines Nächsten.

Das Bild jedes Einzelnen ist das Bild seines Bewusstseinsstandes.

So, wie der Einzelne sieht und hört, fühlt, empfindet und denkt, so ist sein Bewusstseinsstand, mit dem er das Bild registriert, die Farben und Formen sieht und die Töne vernimmt.

Wer kann beweisen, dass das Tierlein so aussah, wie er es wahrnahm? Alles ist relativ, da jeder aus seiner Sicht, aus seiner derzeitigen Bewusstseinsstrahlung sieht, hört, riecht, schmeckt und tastet.

Da jeder Mensch einen anderen Bewusstseinsstand hat, nimmt er die Reflexe, die er Materie nennt, dementsprechend wahr.

Erkennet: Wer die vielen Aspekte, die zur Freiheit führen, beachtet, der bringt sich und auch seinem Nächsten den Frieden. Deshalb wirke niemals auf die Bewusstseinsstrahlung deines Nächsten ein, indem du glaubst, du müsstest entsprechend deinem Bewusstsein bei ihm in seiner Wohnung, in seinem Raum Ordnung machen.

Merke dir folgende Gesetzmäßigkeit:

Lasse deinem Nächsten sein Reich, das heißt, verändere du seine Bewusstseinsstrahlung nicht. Die Bewusstseinsstrahlung von dir und von deinem Nächsten wirkt sich auch in den Räumen aus, die du bewohnst oder die dein Nächster bewohnt. Lasse deinem Nächsten sein kleines Reich, denn so will er sich zu Hause fühlen. Beachtest du diese Gesetzmäßigkeit, dann freut er sich, wenn du ihn besuchst.

Betritt sein Zimmer nur dann, wenn du erwünscht bist, und lasse in seinem Zimmer alles so stehen, wie es dein Nächster aufgestellt hat, denn das ist die Perspektive seines Bewusstseins.

Setzt du dich auf einen Stuhl oder nimmst du einen Gegenstand, dann stelle den Stuhl wieder so hin, wie er stand, und lege oder stelle den Gegenstand wieder an seinen Platz – so, wie er vorher war.

Verändere nichts, auch wenn es dir anders besser gefallen würde und wenn du glaubst, dass es so, wie du es siehst, schöner wäre. Damit wirkst du in die Bewusstseinsstrahlung deines Nächsten ein und bringst mit deiner scheinbaren Ordnung in sein Leben, in seine Bewusstseinsstrahlung, Unordnung. Denn so, wie der Nächste es sieht, ist es für ihn gegenwärtig gut. Er will es von dir nicht verändert haben – außer, er bittet dich darum.

Wer diese Gesetzmäßigkeit beachtet, der achtet seinen Nächsten und auch sich selbst.

Auch in den kleinsten Dingen gilt folgende Gesetzmäßigkeit: Was du nicht willst, dass man dir tu', das füge auch keinem anderen zu.

*S*eid niemals neugierig. Blickt aus Neugierde nicht nach hinten, nach rechts und nach links, um zu sehen und zu hören; denn was ihr seht oder hört, dafür seid ihr verantwortlich.

Das Gesehene oder Gehörte regt euch zum Denken an – für jeden Gedanken seid ihr verantwortlich. Das Gesehene und Gehörte regt euch zum Reden und zum Handeln an – auch dafür seid ihr verantwortlich.

Der Reine wird sich nicht neugierig umsehen, wird keine Gedanken produzieren, wird nicht nach Worten suchen und auch nicht überlegen, wie, was und wann er handeln und wirken soll. Der Reine hat alles in sich und ist in allem, weil er die Wahrheit ist, die wiederum in allem ist.

Schaust du deinen Nächsten, dann schaust du das All, und du schaust den ewigen Vater in dir, und du schaust deinen Nächsten in dir – denn ihr seid das Ebenbild des ewig einzig heiligen Vaters, weil ihr in Ihm göttlich seid, Seine geschaffenen Kinder, die Er in Sich, durch Sich und im All schaut.

Hast du deinen Nächsten in dir geschaut, dann hast du deinen ewigen Vater geschaut; denn der Ewige und Sein reines Kind sind eins.

*Da du deinen Nächsten als einen Teil von dir in dir kennst und schaust, kennst du auch den ewig Einen, Heiligen, weil du Sein Ebenbild bist, das ewige Gesetz – das du kennst, weil du es bist, da du göttlich bist.*

*Der Reine ist das Auge des heiligen Tempels.*
*Der Schauende durchschaut alle und alles.*

*Das Innerste ist die Stille, die sich selbst schaut und alles durchschaut. Die Stille ist das wahre Leben.*

*Deshalb sei still. Die Stille ist das allweise Wort, das Gesetz des Alls. Es offenbart sich als die Stille in der Stille. Es schaut sich selbst in der Stille als die Stille.*

*Alles ist das Gesetz, das die erhabene, unendliche Stille ist, die sich selbst spricht, das Ich Bin.*

*Die Stille ist das Gesetz und die Weisheit Gottes. Wer weise ist, der ist still, weil er um alle Dinge weiß, da er alles durchschaut und durchdringt.*

*Das* Absolute ist die Stille, ist die Tempelordnung, die du, der Reine, bist.

Wenn du weißt, wer du bist, und wenn du
weißt, dass das Bewusstsein des Ich Bin das
Leben ist, dann lebst du und wirst an nichts
Anstoß nehmen. Du durchstößt auch nichts,
weil du alles durchschaust und durchdringst,
was für den Weltblick Dichte, Hindernis und
Anstoß ist.

Wer bei Tag wirkt, der sieht die Ecken und
Kanten und wird sich daran nicht anstoßen,
denn er nützt das Licht des Tages.
Das Gleiche gilt für das ewige Licht. Wer
im Licht wandelt, dem kann nichts geschehen.
Denn wer die Gesetze des Geistes Gottes hält,
für den wird immer das Licht der Liebe leuchten, ob er Seele oder Mensch ist.

Der Unruhige, der Laute, in welchem die
Empfindungen und Gedanken tosen und
toben, ist der Suchende, der nur auf die Oberfläche der Wahrheit sieht – auf die Dinge,
Angelegenheiten und Worte – und dort die
Lösung sucht. Damit gibt er sich selbst Rätsel
auf, weil er die Erkenntnis erraten und erjagen
möchte.

*Wer nicht weise ist, der ist auch nicht leise,
also still, weil er so lange will, bis er sich selbst
im Urgrund, in der Stille, gefunden hat – das,
was er ist, das Selbst, die Weisheit und die
Schönheit aus Gott, das allwissende Gesetz,
Gott, die Weisheit, die gleich die Wahrheit ist.*

*Dein Nächster, der eine, ist dir, dem Reinen,
ebenso nahe wie der andere, weil dir keiner
fern und fremd sein kann, da Gott in dir ist
und du in Gott bist und deine Nächsten in dir
sind und ihr in Gott seid. Das ist Einheit. Der
eine ist im anderen, und beide durchdringen
einander und durchdringen alle – und alle
die beiden. Das ist das All und das Gesetz der
Liebe und Einheit.*

*Würde dir der eine näher sein als der ande-
re, dann würdest du nach vorn, nach hinten,
nach rechts, nach links, nach oben und nach
unten sehen, um ihn zu sehen, weil du ihn in
dir nicht schaust.*

*Der Reine wünscht seinem Nächsten nur das, was er selbst ist: das ewige Gesetz, Gott, das Reine.*

*Der Unreine, der Unerleuchtete, wünscht seinem Nächsten oftmals das, was er selbst nicht besitzt: das Schöne, das Gute, das Friedvolle, das Glückliche – Facetten der ewigen Wahrheit, an deren Verwirklichung es ihm selbst noch mangelt. Das, was er wünscht, geht nicht in den Nächsten ein, weil es nicht von Kraft, Wahrheit und Liebe durchdrungen ist. Es sind seelenlose Wünsche, die zum Unreinen, Unerleuchteten, zurückkehren.*

*Die All-Einheit ist die Weisheit Gottes. Gott ist alles in allem, das Gesetz des Lebens.*

*In allem, was der Reine sagt, spricht er das Ganze an, das Große im Kleinsten und das Kleinste im Großen.*

*Wer seinem Nächsten nur Facetten aus dem ewigen Gesetz zuspricht oder wünscht und so in sein Wort und in sein Tun nur Teile des ewigen Gesetzes hineinlegt, der bevorzugt auch nur Teile des ewigen Gesetzes und sagt von sich selbst aus, dass er unvollkommen ist.*

*Damit gibt er Zeugnis von sich selbst. Er bevorzugt bestimmte Menschen; andere hingegen lässt er unbeachtet. Das heißt, er* macht bei sich selbst und bei seinen Nächsten Ausnahmen.

Die Sprache des Gesetzes ist das ganze Gesetz, da alles in allem ist, das Größte im Kleinsten und das Kleinste im Größten. Der Reine spricht immer das ganze Gesetz aus: Wünscht er seinem Mitmenschen die selbstlose Liebe, dann spricht er auch alle Facetten des ewigen Gesetzes an. Das ist die Sprache des Gesetzes.

Wünscht der Reine seinem Mitmenschen den Frieden, dann spricht er wiederum das ganze Gesetz an. Das ist die Sprache des Gesetzes.

Der Reine spricht immer das ganze Gesetz, auch dann, wenn er einem kranken Menschen Gesundheit wünscht:

Würde er dem Kranken nur eine Facette der Gesundheit wünschen – z.B. die Gesundheit eines erkrankten Organs –, dann spräche er auch nur den Teil des Gesetzes an, der von der Krankheit überschattet ist. Dabei ließe er die Wirksamkeit des ganzen ewigen Gesetzes außer Acht. Dadurch würde er unter Umständen die Wirksamkeit des ewigen Gesetzes im kranken Menschen verhindern.

*Wer nur die physische Genesung seines Nächsten wünscht, der spricht die Krankheit selbst an, die er unter Umständen verstärkt, wenn der Kranke auf diese Aussage baut. Damit lässt er den Willen Gottes unbeachtet, der um Sein Kind weiß und es so führen möchte, dass es diesem zum Wohle seiner Seele gereicht.*

*Eigensüchtige Gedanken wirken nur auf die Oberfläche – also auf die Wirkung, das Symptom, die Krankheit – ein und verhindern, dass das ewige Gesetz wirksam werden kann.*

*Wer nur die Oberfläche des Lebens, die Spiegelung, anspricht, z.B. indem er seinem Nächsten den Frieden wünscht und er selbst keinen Frieden hat, der spricht in seinem Nächsten nur den Unfrieden an, weil er selbst keine Kommunikation zum Frieden hat.*

*Der wahre Weise braucht als Mensch die Sprache der Welt, um sich verständlich zu machen. Trotz der Begrenztheit der Worte wird er in Worten wie »Gesundheit« und »Friede« das Ganze, das allumfassende Gesetz, Gott, ansprechen. Dann wird auch das ewige Gesetz, Gott, walten, das jedem Menschen den freien Willen lässt und ihn so führt, dass es seiner Seele dient und nicht ausschließlich der Hülle, dem Menschen.*

*Wer selbst krank ist und seinem Nächsten die Gesundheit wünscht, der spricht im Nächsten nur wieder die Krankheit an und eventuell jene Aspekte, die mit seiner eigenen Krankheit in Übereinstimmung sind; denn was von ihm ausgeht, geht wieder in ihn ein und eventuell auch in den Nächsten, in welchem gleiche oder ähnliche Krankheitssymptome liegen. Das geschieht nach dem Gesetz »Gleiches zieht zu Gleichem und verstärkt sich«.*

*Wer seinem Nächsten den Frieden wünscht und selbst friedlos ist, der kann in seinem Nächsten die friedlosen Aspekte verstärken, so dieser friedlos ist, weil Gleiches immer wieder Gleiches anregt und sich erfüllen möchte.*

*Wer seinem Nächsten die Liebe wünscht und selbst lieblos ist, der kann in seinem Nächsten, der selbst noch lieblos ist, die Lieblosigkeit noch verstärken, weil Gleiches immer wieder zu Gleichem zieht und sich erfüllen möchte – wiederum nach dem Gesetz »Gleiches zieht zu Gleichem und verstärkt sich«.*

*Erkennet: Jede Empfindung, jeder Gedanke, jedes Wort und jede Handlung sind Energie.*

*Was der Mensch sendet, kann dann beim Nächsten wirksam werden, wenn Gleiches oder Ähnliches in ihm zugrunde liegt. Gleiches und Ähnliches kommt wieder auf den Menschen zu, der gesendet hat, denn: Wer sendet, der empfängt.*

*Wer seinem Nächsten Gesundheit und Frieden wünscht und selbst an Seele und Leib erkrankt ist oder selbst den Unfrieden in sich trägt durch die Nichtverwirklichung der ewigen Gesetze, der nimmt Einfluss auf die Krankheit und den Unfrieden seines Nächsten und verstärkt diese, weil er seine Friedens- und Genesungswünsche, die er seinem Nächsten zuspricht, in sich selbst nicht wirksam werden ließ.*

*Wünschst du deinem Nächsten, was du selbst noch nicht erfüllt hast, z.B. das Reine, Edle, Schöne und Gute, dann kommt es in seinem Inneren nicht an, weil es von dir nicht beseelt ist – oder die Oberfläche, der Schein, sein niederes Ich, nimmt es auf und fühlt sich geschmeichelt und geehrt, und so verstärkt sich sein niederes Selbst, das niedere Ich.*

*Wünsche deinem Nächsten nur das, was du in und an dir selbst besitzt, also das, was verwirklicht und somit beseelt ist, und sprich* in allem das ganze ewige Gesetz an. Da alles in allem enthalten ist, so bejahe in den Wünschen für deinen Nächsten das ganze Gesetz, Gott. Blicke nicht nur auf die Oberfläche, auf das, was sich am Körper des Nächsten oder in seiner Umwelt vollziehen soll. Bedenke, dass das Seelenheil ausschlaggebend ist und dass der reine geistige Leib wiederum das ganze Gesetz ist.

Was der Reine seinem Nächsten wünscht – das, was er selbst erfüllt –, das geht vom Innersten seines Tempels aus und geht auch in den Tempel des Nächsten ein. Er trägt gleichsam die Früchte des ewigen Gesetzes in den Tempel des Nächsten, weil er das ewige Gesetz seinem Nächsten als Gabe der Liebe bringt, die wiederum das Gesetz selbst ist.

Wünsche also deinem Nächsten keine Details aus dem ewigen Gesetz, sonst sprichst du in ihm und in dir nur Teile des ewigen Gesetzes an. Damit lässt du alle anderen Facetten des ewigen Gesetzes brach liegen. Das bedeutet, dass du dich mit einigen Facetten begnügen würdest und dadurch von deiner Unreinheit Zeugnis gibst und dem Unreinen Tür und Tor öffnest, um dich zu verführen.

*Auch wenn du nur einen Bereich auf der Materie ansprichst, lege in diesen das Ganze hinein. Das ist wahres Leben, das ist Leben im ewigen Gesetz, Gott.*

Lerne das Schauen.

Der Neugierige sieht neugierig nach vorn, nach hinten, nach rechts und nach links, nach oben und nach unten – und sieht sich immer wieder selbst, denn die Neugierde ruft immer wieder nur das ab, was der Neugierige selbst ist. Das Gleiche ruft Gleiches, um mit ihm zu kommunizieren.

Lerne, durch dich hindurchzuschauen, aus dem Tempel deines Inneren zu schauen, dann erkennst du in allem und auch in deinem Nächsten die Gesetzmäßigkeit – und in der Gesetzmäßigkeit das Ganze. Das ist das Leben im ewigen Gesetz, das ist die Sprache des Gesetzes.

Lerne das Hören.

Der Reine braucht nichts zu erhorchen; er weiß in sich, im Allerheiligsten seines Tempels, das, was von Bedeutung ist. Alles andere, *was noch in der Schwebe liegt, ist noch nicht reif und noch nicht von Bedeutung.*

*Wer lauschen und erhorchen möchte, der erfährt nur sein niederes Ich, das ihn beunruhigt und ihn wieder zum gegensätzlichen Denken, Reden und Handeln – also zum gegensätzlichen Senden – anregt, damit er wiederum Gegensätzliches empfängt.*

*Lerne hören. Stelle niemals neugierige Fragen, denn sonst erhorchst du nur dich, dein niederes Selbst.*

*Höre aus allem, was zu dir gesprochen wird, die Gesetzmäßigkeit Gottes heraus, und erkenne in ihr wiederum das Ganze, und erfahre es gleichzeitig in dir, in deinem Tempel. In der Gesetzmäßigkeit ist das ganze Gesetz enthalten, so, wie im ganzen Gesetz die Gesetzmäßigkeit enthalten ist. Das ist das Leben im ewigen Gesetz, und das ist auch die Sprache des ewigen Gesetzes.*

*Wer das ewige Wort, das Sein, das Gesetz, in sich zu erhorchen trachtet, der ist noch nicht das Wort, das Sein, das ewige Gesetz. Und wer es – je nach Reifegrad seiner Seele – erhorcht, der erhorcht es nur und kennt es* noch nicht, weil er noch nicht zum Gesetz Gottes geworden ist.

Und wer das ewige Sein dem Buchstaben nach erkennen und erfahren möchte, der liest oder hört an der Realität vorbei. Und wer nur das erhorcht, was sein Nächster als Wahrheit wiedergibt, der schafft bildhafte Vorstellungen aus dem, was er erhorcht. Das ist niemals die Realität des Lebens, sondern der Schein; es ist die Spiegelung des Gesetzes und nicht die Wahrheit selbst.

Wer also die Wahrheit nur erhorcht – ob in sich oder von außen, von Menschen dargelegt –, der ist noch nicht die Wahrheit selbst, das Sein. Wer nicht zur Wahrheit, dem Sein, geworden ist, der kennt sich nicht als Wesen der Wahrheit, weil er noch nicht zum Wesen der Wahrheit, zu seinem wahren Sein, gefunden hat.

Nur wer das ewige Wort, das Sein, das Gesetz, ist, der ist im Leben – und ist das Leben selbst, weil er die Essenz des heiligen Wortes, die Wahrheit, das Leben, ist.

Das Wort der Himmel ist Sein Wort, das Wort Gottes, das ewige Gesetz. Wer zum Wort Gottes geworden ist, der ist zum Wesen in Gott geworden. Er schaut auch die Menschen,

Dinge, Geschehnisse und Ereignisse im Bild der Himmel, der Wahrheit, im Ich Bin – und nicht mehr im Bild seiner kleinen Welt, im Gesichtskreis des »Ich will«.

Jeder himmlische, selbstlose Gedanke und jedes himmlische, selbstlose Wort ist ein himmlisches Bild, das alles in sich birgt. Ähnlich, wie eine Körperzelle einen ganzen Menschen beinhaltet, so beinhaltet jede selbstlose Empfindung, jeder selbstlose Gedanke, jedes selbstlose Wort und jede selbstlose Handlung das ganze All als Essenz.

Der wahre Weise legt in alles, was er spricht, das Ganze hinein – auch dann, wenn er aus dem Ganzen nur eine Facette der Wahrheit mitteilt, indem er diese zum Leuchten bringt.

Gott ist das Ganze und ist ungeteilt. Deshalb ist in dem, der das göttliche Wort ist, das Ganze wirksam. Er ist das eine Sein im Sein. Er ist nicht zweigeteilt wie der Mensch, der anders spricht, als er denkt, und anders empfindet, als er denkt und spricht.

Das ewige Gesetz wirkt und offenbart sich in dir selbst. Alles ist Gesetz. Du siehst es nicht im Äußeren; du erkennst und schaust es einzig in dir als das Ganze.

*Die physischen Augen nehmen nur Äußeres wahr und nicht das, was im Innersten, im reinen Sein, im Tempel Gottes, offenbar ist.*

*Die physischen Augen nehmen nur den Abglanz dessen wahr, was im Himmel ist.*

*Was Materie ist, ist Reflexion und nicht Absolutheit.*

*Der Schauende gewahrt Gott in allem, was ist – in jeder Blume, in jedem Strauch, in jedem Stein, in den Gestirnen, in den Menschen. Mit jedem Augenaufschlag, mit seinem Gehör, mit dem Geschmacks-, Geruchs- und Tastsinn begegnet er Gott.*

*Für den Schauenden ist Gott in allem gegenwärtig.*

*Wenn er seine Arbeit tut, ist Gott gegenwärtig. Wenn er ein Gespräch führt, ist Gott gegenwärtig. Wenn er da- und dorthin geht, ist Gott gegenwärtig.*

*Diese Menschen haben den Stein des Weisen gefunden; sie lassen Gott durch sich wirken. Wer in allem, was er empfindet, denkt, redet und tut, mit Gott die Verbindung hält, der wandelt wahrlich im Lichte Gottes, und Gott tut durch ihn die Werke der Liebe.*

*Wahret in allem das Bewusstsein: Gott ist gegenwärtig; Gott ist in allem.*

*Habt ihr euch diese Gewissheit einverleibt, dann weichen von euch Einsamkeit, Verlassenheit und Trübsal; ihr werdet Gemeinsamkeit, inneres Glück und weitere Einsicht gewinnen.*

*Macht euch dies in jeder Situation bewusst: Gott ist immer gegenwärtig – Er ist immer dabei. Was ihr auch tut, wohin ihr geht, wo ihr steht, was ihr denkt – Gott ist dabei; Er ist gegenwärtig.*

*Gott ist bei jedem von euch – einerlei, wie ihr denkt, redet und handelt.*

*Steht ihr mitten in einer aufgebrachten Menge Menschen – Gott ist mit euch. Seid still, vertraut euch Ihm an; Er führt euch.*

*Gott ist in der Krankheit die Gesundheit, im Leid die Freude.*

*Denkt daran: Gott ist immer gegenwärtig. Gott ist Liebe; Er liebt jeden von euch.*

*Belasst die Erkenntnis, dass Gott gegenwärtig ist, dass Gott, unser ewiger Vater, euch und Mich, ja alle liebt, nicht in eurem Wissen. Nur die Verwirklichung, das heißt das gelebte geistige Wissen bringt euch die Gewissheit und die Tatkraft im Geiste Gottes – das Leben im Sein.*

*Das Sein ist Gegenwart. Im Sein gibt es kein Gestern, kein Heute und kein Morgen. Die Materie ist Vergänglichkeit. Das Sein ist alles in allem. Dadurch verfeinert sich die Materie und wird zum Sein, weil Gott die Gegenwart in allem ist.*

*Die Gegenwart in allem ist das Unvergängliche, das Sein. Deshalb wird sich das Vergängliche, das Gestern, Heute und Morgen, in das Sein verwandeln, das ist.*

*D*ie Schau des Reinen ist das Reine, das er ausschließlich in sich selbst, in seinem reinen Tempel, wahrnimmt. Dort leuchtet und offenbart sich beständig das allerheiligste, ewige Gesetz, Gott.

*Der Reine schaut, was der Unreine nicht sieht.*

*Der Reine nimmt in sich ausschließlich die ewige Wahrheit wahr, weil er selbst zur Wahrheit, zum allumfassenden Gesetz, geworden ist, zum Ich Bin. Er lässt nichts Unreines im Tempel der Liebe zu.*

*Der Unreine hingegen nimmt nur das Unreine wahr, nämlich das, was er selbst ist – das Unreine.*

*Der Reine schaut und erkennt in sich das Reine, die Wahrheit. Er spricht die Sprache des Bildes, der Wahrheit, in sich, weil er selbst zur Wahrheit geworden ist. Das Wort Gottes ist das Gesetz, ist die Wahrheit, die sich als das lebendige Bild im Innersten der Seele offenbart. Wohin der Reine auch schaut – er schaut in sich einzig das Gesetzesbild, das Reine, und sieht außerhalb von sich die Spiegelung, das Unreine.*

*Die bildhafte Schau ist gleichzeitig die Erkenntnisschau. Was du schaust, das durchschaust du, und das erkennst du – und so weißt du um alle Details. Das ist die Wahrheit, das bist du, das wahrhaftige, ewige Selbst.*

*Der wahre Weise, der Erleuchtete, ist das, was er spricht, das Gesetz.*

*Der Unerleuchtete, der das Schwarze vom Weißen nicht zu unterscheiden vermag, ist der Blinde, der sich mit dem Schein begnügt und das Sein in der Ferne glaubt.*

*Die wahre Schau ist die Erkenntnisschau. Du schaust und weißt und kannst es trotz alledem nicht beweisen, weil das Innerste, das*

*Allerheiligste, sich nicht zu beweisen braucht, weil es ist.*

*Nur der Schein will sich beweisen, weil das, was in ihm ist – die ewigen Gesetzmäßigkeiten –, nicht offenbar ist.*

*Das Sein schaut, was der Schein nicht sieht, das heißt: Ich, das Sein, schaue, was du, der Abglanz, nicht siehst. Bist du jedoch das Sein, dann bist du in Ihm geeint, im All-Einen. Dann schaust du auch, was Ich schaue, und wir schauen, was der Schein nicht sieht.*

*Das geistige Auge schaut – das irdische Auge sieht. Beides kann nicht in Übereinstimmung gebracht werden, weil das geistige Auge das Gesetz der Himmel ist und das irdische Auge nur das Reflexionsauge, welches das Sein als Reflexion wiedergibt, die vielfache Verzerrung ist. Wer sich damit begnügt, ist der Tor, der das Tor zur Wahrheit noch nicht durchschritten hat.*

*Das Auge der Wahrheit ist Gott. Wer mit diesem Auge schaut, ist wahrhaftig und göttlich. Er bringt das Licht, das Auge Gottes, die Wahrheit, in diese Welt, das ewige Gesetz der Liebe.*

*Das Auge der Wahrheit ist das Licht und das Bild deines reinen geistigen Leibes, welcher das Ebenbild Gottes ist.*

*Das irdische Auge ist das Bild der Seele, des umhüllten geistigen Leibes. Es hat nur den Blick für das Umhüllte, das wiederum die Last und die Belastung der Seele ist.*

*A*us verschiedenen Perspektiven des Lebens unterwies Ich, Christus, als Jesus von Nazareth Meine Apostel und Jünger. Immer wieder zeigte Ich ihnen das Absolute Gesetz auf und erklärte ihnen das Gesetz von Saat und Ernte. Sinngemäß sprach Ich zu ihnen:

*Das Meer der Unendlichkeit ist der Strom des Alls. Bewegt euch immer mehr im Meer der Unendlichkeit als die Sonne der Liebe und Gerechtigkeit. Dann werdet ihr das Leben sein und nicht mehr nach dem Leben fragen.*

*Solange sich der Mensch von Menschen bescheinen lässt, strahlt er nicht. Dann ist er auf den Schein seines Nächsten angewiesen. Ist der Mensch auf den Schein von Menschen angewiesen, dann kennt er den Glanz der ihm innewohnenden Sonne nicht.*

Für jeden Einzelnen lautet das ewige Gesetz: Bleibe du das wahre Selbst. Dann bist du das wahre Selbst und erwartest nicht den Schein deines Nächsten, weil du, das wahre Selbst, selbst strahlst.

Nur der Schein begnügt sich mit dem Schein. Beide stehen dann im Zwielicht und sind der Ansicht, sie hätten das Höchste und das Größte, weil sie sich gegenseitig bescheinen.

Erkennet: Der Schein trügt, und wer darauf hereinfällt, kann zum Betrüger werden.

Deshalb umgebt euch nicht mit Trugbildern, mit dem Schein, sondern werdet zur Sonne der Liebe und Gerechtigkeit im Meer der Unendlichkeit.

Viele Seelen und Menschen bewegen sich hin in das Sein, doch wenige sind im Sein. Wer sich nur Gedanken um das Sein macht, der empfängt nur aus dem Schein und nicht aus der Quelle des Lebens, welches das Sein ist.

Wer dem Schein angehört, der trägt viele Masken. Je nach Gelegenheit setzt er die entsprechende Maske auf.

Wer in der Scheinwelt lebt und seine Masken hat, kennt sich nicht und auch nicht den, der gleiche und ähnliche Masken trägt wie er selbst. Beide sprechen nur von ihren Masken, von dem Schein, und finden nicht die Realität.

Der Maskenbildner ist einsam und allein, denn er kümmert sich nicht um seine Nächsten; er denkt nur an sich und will seine Maske wahren.

Wer jedoch in der Innenwelt, in Mir, dem Christus, lebt, der hat die Klar- und Weitsicht. Er bedarf nicht mehr der Masken, weil er alles durchschaut und durch das Licht der Wahrheit alles erkennt. Das ist das Wesen im Strom des Seins, das personifizierte Sein, der Mikrokosmos im Makrokosmos.

*Alles, was du siehst, das dich erregt, ist dein Spiegel; es prägt deinen Menschen. Gehst du nicht den Weg der Selbsterkenntnis, dann nimmst du nur noch die Reflexionen deines niederen Ichs und des niederen Ichs deines Nächsten wahr. Hältst du es weiterhin so, dann verstrickst du dich immer mehr in das »mein« und »dein«; du trennst dann zwischen dir und deinem Nächsten. Das ist das Gesetz des menschlichen Ichs. Es lautet: »Trenne, binde, herrsche«.*

*Das göttliche Gesetz lautet: »Verbinde und sei.« Das heißt, wer in der Verbindung mit dem Innersten lebt, der ist mit allen Menschen und Wesen und mit allen Lebensformen verbunden. Er bildet mit ihnen die Einheit in Gott, die keine Unterschiede kennt, da alles in allem enthalten ist, das Gesetz des Lebens.*

*Das Gesetz von Ursache und Wirkung, das der Widersacher schuf – »Trenne, binde und herrsche« –, ist das personenbezogene Gesetz, das Ichheitsgesetz, das nur sich, das niedere Ich, kennt.*

*Der Widersacher will die Trennung und die Bindung. Menschen sollen sich an Menschen und Dinge binden, Besitz und Eigentum schaffen, um so wiederum das Trennende herbeizu-*

führen, das heißt, das »mein« und das »dein«. Wer sich am meisten Eigentum angeeignet hat, der herrscht über jene, die weniger besitzen.

Der Satan nahm das Schwert und teilte die Einheit der Erde in die Vielheit. Mit den Stücken, den Ländern, schuf er die Herrschaft und die Herrschaften, die Reichen, welche aus den Stücken ihre Reiche machten.

Das ist die Teilung, die vom Satanischen kommt. Ich Bin jedoch gekommen, um die Einheit wieder aufzurichten durch das Gesetz der Liebe, das alle und alles eint.

Grenzen begrenzen und führen zur Verhärtung. Bleiben Grenzen lange Zeit bestehen, dann glauben die Völker, sie seien durch die Grenzen voneinander getrennt. Sie sprechen dann von verschiedenen Mentalitäten, die wenig Gemeinsames haben. Aus dieser Einstellung erwacht die Gleichgültigkeit und die Feindseligkeit gegenüber dem Nächsten, der nach den ewigen Gesetzen ein Teil jeder Seele ist.

Hat der Widersacher die Trennung unter den Menschen herbeigeführt, dann herrscht er und schafft weitere äußere Möglichkeiten der Bindung wie z.B. die Bindung des Menschen an Glaubenssätze, Riten, Dogmen und Kulte, gleichzeitig auch an Obrigkeiten, an Untergebene, an den Mann oder die Frau, an Kinder oder an Sachwerte, an Geld und Gut. Daraus ergibt sich das Kausalgesetz, in dem jeder ichbezogene Mensch und jede ichbezogene Seele ihr Dasein hat, bis sie sich aus dem Strudel des menschlichen Ichs herausbegeben und das Göttliche anstreben, das verbindet und das ist.

*D*iese Welt und der Erdplanet erscheinen im Göttlichen spiegelbildlich, denn Welt und Erde wurden ins Gegenteil verkehrt.

Das Erbe Gottes an Seine Kinder ist so zu erklären:

Das, was Mein ist, das ist auch dein, es ist für dich und ist für jedes Kind gleich viel, nämlich alles aus allem, aus Dem, der ist.

Der Widersacher polte diese göttliche Gesetzmäßigkeit um und spricht: Mir gehört das Meine und das Deine. – Durch diese Umpolung glaubt der Widersacher, sich alles einverleiben zu können und über alles und *alle der Herr zu sein. Er will die Macht für sich allein und Gott bezwingen, denn er selbst will Gott sein.*

*Der materialistische, der auf sich bezogene Mensch ist der Ansicht, er sei der Herrscher der Welt und des Alls. Weil er nur eine kleine Perspektive des Lebens sieht und diese noch umhüllt ist von seinem menschlichen Ich, glaubt er, ein Gott zu sein. Dieser Götterglaube verleiht ihm den Hochmut, zu denken, er könne die Schöpfung weiterentwickeln, ganz nach seinem Bild und Maß. In Wirklichkeit führt er sich selbst in den Abgrund und zerstört die Materie und seinen irdischen Leib.*

*In der Zahl acht liegt die Gottheit, in der Verachtung der Widersacher, der das heilige Sein, die Acht, umgepolt hat und daraus die Verachtung machte. Auf diese Weise schuf er sein Fallgesetz, das ihn selbst zu Fall bringen wird.*

*W*er seinen Nächsten nicht achtet, der ehrt weder den ewigen Vater noch Mich. Seine Gebete bleiben unfruchtbar, weil die darin verkapselte Frucht nicht zur Reife gelangt.

Wer sich von Menschen ehren lässt, der ehrt Gott nicht.

*D*er Widersacher führt die Seele und den Menschen in die Welt der Sinne. Er verführt sie mit dem Schein ihrer Nächsten. Er zeigt ihnen das, was andere besitzen und haben, ihr »mein« und ihr »mir«, und macht sie habgierig und neidisch. Auf diese Weise führt er sie vom Innersten, dem Sein, der Fülle in Gott, hinweg – hin in die Außenwelt, zu dem Schein.

Wer sich vom Schein blenden lässt, wird wie der, welcher schon geblendet ist: habgierig, neidisch und raffgierig. Dann giert er mit allen ihm zur Verfügung stehenden Waffen, um das zu erreichen, was der Schein des Nächsten ihm zustrahlt: äußeren Glanz durch Ansehen, Mittel und Möglichkeiten, die sich im Geld und Vermögen widerspiegeln.

Auf diese Weise tritt der Mensch immer mehr aus der inneren Fülle und verarmt an *innerer Kraft und Geistigkeit. Er schult seinen Verstand und erhebt ihn zum Intellekt, um ein Intellektueller zu werden, der Wissen über den Schein besitzt, über das Blendwerk – und dabei das Sein, sein wahres Selbst, die Realität des Lebens, nicht mehr kennt, sondern nur sich selbst, seine kleine Welt, in welcher er herrscht, regiert und seinen Nächsten an sich und seine Ansichten bindet, an die auch er selbst gebunden ist.*

*Wehe jenen, die den Verstand gebrauchen, um Menschen zu vergöttern. Unmerklich schafft ein solcher Mensch Götzen. Diesen hängt er in dieser Welt an – und nach seinem Leibestode hängt er an ihnen.*

*Der Habgierige, Ichbezogene, der sich im Glanz des Scheins aufwertet, will immer der Größte und der Beste sein und über alles und alle herrschen.*
*Die Herrschsucht hat wiederum die Blüten der Angst, ein anderer könnte größer sein, mehr Glanz, mehr Ansehen und Reichtum erlangen. Von der Angst gehetzt, glaubt er, seine Augen und Ohren überall haben zu müssen, um nicht übervorteilt zu werden. Tritt ein Rivale auf, dann wird er bekämpft. Hat*

dieser Fähigkeiten, die er nicht besitzt, dann wachsen gleichzeitig der Neid und die Feindseligkeit und nicht zuletzt die Kampfeswut, das Bestreben, ihn auszuschalten.

Die Angst und die Kampfeswut bringen die Neugierde. Der Ich-Mensch will alles sehen, erhorchen, um alles zu wissen, um sich vor Gefahren zu schützen, die von seinen Nächsten auf ihn zukommen könnten, die mehr Ansehen haben, besser, klüger und reicher scheinen. Das führt dazu, dass er sich beständig orientieren muss. Die Neugierde drängt ihn, nach vorn, nach hinten, nach oben, nach unten, nach rechts und nach links zu sehen, um alles zu sehen und zu erhorchen. Dabei sieht und hört er nur sich selbst; denn das, was ihn treibt, sein menschlich Ich, treibt ihm wieder Gleiches und Ähnliches zu.

Der ichbezogene Mensch sieht sich in jeder Situation selbst. Er hört sich in jeder Situation selbst. Er begegnet nur sich selbst – wiederum Menschen, die ähnlich sind wie er selbst. Er und sein Nächster sprechen die gleiche Sprache, sich selbst. Was dabei herauskommt, sind wiederum nur sie selbst. Damit binden sie sich aneinander. Womit sie sich gebunden haben, das werden sie wieder gemeinsam bereinigen, bis sie das Rad der Wiederverkörperung und die Seelenreiche verlassen können.

Deshalb übe dich, o Mensch, in der Selbstlosigkeit und lerne, dich als Wesen in Gott zu erkennen.

Sieh dich nicht in der Neugierde um, sonst siehst du dich selbst, dein Ich, mit dem du dann wieder zu kämpfen und zu ringen hast.

Belausche nicht die Gespräche deiner Nächsten; höre nicht hin, wenn zwei sich unterhalten, sonst hörst du nur dein eigenes Ich – außer sie beziehen dich in ihr Gespräch mit ein.

Was der Mensch hört, dafür trägt er Verantwortung.

Bist du im Innersten deines Tempels zu Hause, dann wirst du das Wort der Wahrheit sprechen, das ist von Ewigkeit zu Ewigkeit, das Leben.

*Das Wort Gottes ist der Strom des Alls. Das menschliche Wort ist nur das Ufer. Deshalb sprecht nur Wesentliches und füllt es mit der Kraft der Verwirklichung, mit der Kraft Gottes. Dann gelangt ihr in den Strom des Alls.*

*Das Wort, das ihr sprecht, hat nur so weit Wert und Kraft, wie ihr das, was ihr aussprecht, verwirklicht habt. Denn nur das geht in den Menschen ein, was ihr erfüllt, also verwirklicht habt, und nicht das, was ihr aus eurem Intellekt schöpft. Dieses Wort ist leer, ist gleichsam hohl und kennt nicht die Tiefe des Alls, die Ich Bin.*

*Es genügt nicht, die Gesetze des Alls, die Gottesgesetze, zu bejahen und von ihnen zu künden. Nur wer sie verwirklicht, der bringt gute Taten.*

*Ihr müsst das, was ihr lehrt, erst selbst ver-wirklicht haben; das ist das beste Vorbild. Diese Worte und Taten gehen in die Seele des Menschen ein, weil sie Substanz und Kraft beinhalten.*

*Es nützt nichts, vom Lichte zu reden und nicht das Licht zu sein.*

*Wer nur vom Licht redet, der ist leer, weil er geteilt ist. Er möchte Gott dienen und glaubt, es genüge, dem Buchstaben nach zu dienen.*

*Das ist jedoch nicht das Dienen, sondern das Dienern. Er lehrt ein Wort, jedoch nicht das Wort, weil der Buchstabe tötet, das Licht im Buchstaben jedoch lebendig macht.*

*Nur der kann das Licht finden und den Buchstaben beleben, der einwärts wandert und zum Lichte wird.*

*Wer nur von der Weisheit spricht und nicht weise ist, der ist in der Welt und lebt mit der Welt und ist für die Welt. Er ist also geteilt; er spricht die Weisheit dem Buchstaben nach und ist doch in der Welt. Er will weise sein und ist es nicht. Dadurch täuscht er sich selbst und täuscht anderen das vor, was er nicht ist: weise.*

*Wer von der guten und liebevollen Gesinnung nur spricht, der hat nur Worte über die liebevolle Gesinnung, bringt jedoch das Gute, das Wertvolle, nicht in diese Welt.*

*Wer verwirklicht, der bringt geistige Werte und geistige Taten in diese Welt. Er ist der Herzdenker, der aus dem Licht des Lebens gibt. Er lebt gerecht, denn er weiß: Gott schaut in das Herz eines jeden.*

*D*ie im Geiste Gottes Erwachten sehen die Unerwachten. Sie erleben sie in ihrem Verhalten, in ihrem Denken und Reden. Sie versuchen ihnen zu helfen, sofern diese es wünschen.

Die im Geiste Erwachten kennen die Unerwachten, verstehen sie und werden ihnen so weit behilflich sein, wie es gut für ihre Seele ist.

Die Unerwachten jedoch erkennen nicht die Erwachten; für sie sind sie in vielen Fällen Scharlatane und Besserwisser, oder sie reihen sie in das Bewusstsein ein, das ihrem Wesen entspricht.

Die Unerwachten, die sich einzig nach der Materie orientieren, sehen im geistig Erwachten, im Göttlichen, entweder einen Störenfried oder einen Sonderling, den sie nicht zu ergründen vermögen.

Die täglich mit einem Erwachten zusammenleben, sehen nur auf den Menschen und erfassen nicht, was aus ihm herausstrahlt.

Wenn ein Unerwachter einen Unerwachten lehren und leiten möchte, dann bleiben beide unerwacht, weil sie nur leere, gleichsam hohle Worte sprechen, in denen nicht das Feuer der Liebe lodert, das sie hell und sehend macht. Beide sind die Blinden, die in die Grube fallen werden.

*Daher wachet und betet, und lasst eure
Worte lichtvoll, ja göttlich werden, auf dass ihr
lebet in Mir, dem Christus, und eins seid mit
Mir, dem Christus; denn der Ewige hat Mich
zu den Menschen gesandt, um ihnen das Licht
und das Heil zu verkünden und zu bringen.*

*Wer seinen inneren Tempel verwüstet hat,
der baut immer größere und prunkvollere
Wohnstätten. Dadurch ging die Bewusstheit
der Gegenwart Gottes und die Sicht des
wahren Lebens verloren. Ich Bin gekommen,
den inneren Tempel wieder aufzurichten und
Gottes heiliges Wirken sichtbar werden zu
lassen.*

*Mit Meiner Kraft Bin Ich wieder unter den
Menschen, um ihnen erneut das Licht und das
Heil zu verkünden. Wohl denen, die Mich im
Herzen finden. Sie brauchen keine äußeren
Tempel mehr – sie sind selbst zum Tempel
des Heils geworden.*

*Ich Bin die Freiheit. Lasset euch weder an
Dogmen noch an Satzungen binden.*

*Machet euch bewusst: Im Himmel gibt es
weder Dogmen, Satzungen, Zeremonien noch
Obrigkeiten und Untergebene. Im Himmel
seid ihr untereinander alle gleich – Brüder*

und Schwestern. Wer dieses Ziel nicht anstrebt oder von diesem Ziel sich abbringen lässt, der ist ein Tor und gleichsam ein geistig Toter.

Der Erwachte trachtet danach, nach innen zu gelangen, zum Reich des Lebens – der Unerwachte strebt nach außen, nach den Dingen, die sich in der materialistischen Welt widerspiegeln und die den regieren, der mit dieser Welt ist.

*L*asst euch niemals in Institutionen einbinden und von Pharisäern und Schriftgelehrten belehren. Sie haben nicht die Schlüssel zum Reiche Gottes, da sie selbst nicht in das Leben eingetreten sind. Infolgedessen lassen sie auch die nicht hinein, die hineinwollen; denn sie kennen nicht das Schloss, weil sie nicht im Tragen des Schlüssels geübt sind, der Ich Bin, Christus.

*D*er Reine schaut durch alles hindurch. Sein schauendes Auge ist die Wahrnehmung seines göttlichen Bewusstseins. Alles, was sich in seinem göttlichen Bewusstsein vollzieht, ist die Wahrheit; alles andere ist nur Spiegel, Abglanz der Wahrheit, Reflexion, Schein der Wahrheit.

Wie du redest und was du sagst, ist deine Sprache – auch dein Gesicht und dein Körper.

Sowohl dein Inneres als auch dein Äußeres – dein Wort, dein Verhalten – spricht sich selbst. Der Erfüllte spricht das Selbst, da er das Selbst im Allvater-Sein ist. Der Weltbezogene spricht sein niederes Selbst; er spricht die Sprache seines Ichs – das, was er selbst ist. Der Weltbezogene ist der Weltumhangene, der sich mit dem begnügt, was er sieht, mit den Reflexionen seiner kleinen Welt, die seine eigene Spiegelung sind.

Was du, der Reine, das Licht im Urlicht, sprichst, ist Substanz und Kraft, da es aus dem Allerheiligsten gesprochen ist, aus dir, dem Sein. Das ist die Sprache Gottes in dir und durch dich.

*Sprich die Sprache des wahren Selbst, und du bist göttlich. Die Sprache des wahren Selbst ist das gotterfüllte Wort. Es fließt aus dem Innersten deines Tempels.*

*Das Göttliche verteidigt sich nicht. Es debattiert auch nicht, da es ist. Das Ist schaut und durchschaut alles und kennt das Innerste des Menschen und auch sein Äußeres. Wer das ewige Gesetz kennt, weil er es ist, der wird nicht debattieren.*

*Das Innerste ist das Unpersönliche, welches das Persönliche unpersönlich anspricht, aufklärt und Unwahres richtigstellt.*

*Kläre deinen Nächsten auf, wenn Unrichtiges zugrunde liegt, doch dringe niemals in ihn ein; dränge ihn nicht, das zu denken und zu tun, was Wahrheit ist. Redet der Uneinsichtige trotz Aufklärung oder wider besseres Wissen weiter, dann redet er sich selbst um Kopf und Hals.*

*Du, der wahre Weise, schweige. Hast du Unrichtiges richtiggestellt, hast du Unwahres aus dem Licht der Wahrheit beleuchtet und wirst du trotz allem abgelehnt, dann schweige, denn du kennst den wahren Retter, Gott – und den Richter, der nur von sich selbst spricht. Es ist der Mensch, der durch Uneinsichtigkeit,* durch Rache und Habgier sich selbst dem Gesetz von Saat und Ernte ausliefert, indem er in den Acker seines Lebens das eingibt, was ihn selbst richtet. Es ist sein kleines, niederes Selbst, sein Ichheitsgesetz.

Das, was du außerhalb des Allerheiligsten sprichst, ist nicht immer die Sprache deines persönlichen Ichs, denn nicht immer sind deine Gedanken und Worte auch deine Gedanken und deine Worte. Wenn du jahre-, jahrzehntelang das sogenannte gedankenlose Wort sprichst, dann redest du wohl, doch ein anderer spricht durch dich. Das ist dann Fremdbestimmung über deine Sinneswelt, in welcher du dann auch lebst. Der Programmierer, der oder das, was dich bestimmt, wirkt durch dich auch bestimmend auf andere ein. Wer dies zulässt, der ist der Sünde Knecht und ein Sünder.

*Du* bist nicht die Zeit, sondern die Ewigkeit im Ewigen.

Du bist jedoch Mensch im Ablauf von Tag und Nacht, welcher Zeit genannt wird. Deshalb plane deine Zeit mit Gott, bringe den Zeitablauf in deine Planung ein und deinen Plan in das Allgesetz, das in dir ist. Bringe alles in den inneren Tempel und übergib es der Tempelordnung.

Dann sei still und wachsam zugleich, denn der Allheilige in dir ordnet und gibt vor. Der Allheilige, der dein Wort und dein Tun ist, bewegt sich in deinem Innersten und spiegelt dir, dem Menschen, den schrittweisen Ablauf deines Planes zu. Er bringt ihn auch in den Zeitablauf ein.

Dann sprichst du zur rechten Zeit das gehaltvolle Wort, das göttlich ist, und du tust zur rechten Zeit das, was zu tun ist, was wiederum göttlich ist. Dann verläuft dein Tagwerk nach dem Willen des Allheiligen, der in dir ist, in dem du bist.

*A*ls Jesus von Nazareth war Ich mit Meinen Aposteln und Jüngern viel unterwegs. Auf den Wegen und Pfaden von einem zum anderen Ort lehrte Ich sie Folgendes:

*Wenn ihr geht, dann geht aufrecht; wenn ihr steht, dann steht aufrecht; wenn ihr sitzt, dann sitzt aufrecht.*

*Jeder von euch ist das Sein im Strom des Seins.*

*Jede harmonische Bewegung ist der Rhythmus des Stromes, der Rhythmus des Alls.*

*Der Strom kennt keine Biegung, keine Krümmung, er weicht vor nichts und vor niemandem zurück; er strömt gleichbleibend durch das All und durchströmt alle und alles.*

*Geht ihr mit großen Schritten durch diese Welt, dann geht ihr gebeugt; eure Blicke sind auf die Erde, den Boden gerichtet, von wo ihr das aufnehmt, was am Boden haftet. Alles Schwere, Belastete kriecht am Boden und belastet wieder jene, die ihre Blicke und Gedanken ausschließlich auf den Boden richten.*

*Erkennet: Ein schwerer Gang ist gleichsam ein Kriechgang. Solche Menschen sehen nur sich selbst und das, was sie wieder selbst sind – das, was ihnen vom Boden her zustrahlt.*

*Daher gehet aufrecht; dann erlangt ihr den Weitblick und den Einblick und den Überblick; dann seid ihr mehr und mehr mit den kosmischen Kräften verbunden. Diese zeigen euch auch auf, was noch zu bereinigen ist, damit ihr mit der Zeit kosmisch schaut, kosmisch hört, kosmisch empfindet, denkt, sprecht und handelt.*

*Wenn ihr steht, dann steht aufrecht. Lehnt euch nicht an Gegenstände und Dinge an. Wer sich an Gegenstände und Dinge anlehnt, der wird auch von diesen Gegenständen und Dingen angesendet; ihr nehmt dann das auf, was an den Gegenständen und Dingen haftet.*

*Wer sich an Gegenstände und Dinge anlehnt, der lehnt sich auch an seinen Nächsten an und nimmt von diesem, was dieser an Menschlichkeit ausstrahlt.*
*Lehnst du dich an deinen Nächsten an, und dein Nächster lehnt sich an dich an, dann werdet ihr mit der Zeit beide müde und euer überdrüssig werden, weil die Energien, die ihr euch gegenseitig übertragt und entzieht, bald verbraucht sind. Was dann?*
*Die Folgen sind Streit, Zank, Zwietracht und Uneinigkeit. Seid ihr einander überdrüssig,*

*dann sucht sich jeder ein nächstes Opfer, an das er sich wieder anlehnt – und eventuell das Opfer wieder an ihn. Dann erfolgt wieder das Gleiche wie das, was vorher war.*

*Steht also aufrecht; lehnt euch an nichts und an niemanden an. Dann werdet ihr ganz allmählich zur kosmischen Antenne, die in die Himmel ragt und von den Himmeln empfängt.*

*Wenn ihr sitzt, dann sitzt aufrecht. Euer Rückgrat ist nicht gekrümmt; es ist senkrecht und zeigt euch, dass ihr aufrecht sitzen sollt, um vom Strom des Seins zu empfangen.*

*Ihr habt gehört: Der Strom des Seins, das Gesetz, kennt keine Biegung und Krümmung. Auch ein gesundes Rückgrat kennt weder Biegung noch Krümmung.*

*Liegt ihr im Stuhl, dann liegt ihr gleichsam auf dem Boden und empfangt die Schwingungen, die am Boden entlangkriechen.*

*Verschränkt ihr die Arme und Beine, dann blockiert ihr den Strom des Seins in und an euch, oder ihr lenkt ihn von euch ab und zieht andere Kräfte an.*

*Wisset: Der Mensch soll eine kosmische Antenne sein. Wer Knoten in seine Antenne macht oder sie verbiegt, der kann weder die*

Kräfte noch das Heil des Alls empfangen. Einzig die Kräfte des Alls stärken und bewegen den Menschen, machen ihn frei und gesund. Sie schenken ihm Weitblick und Einblick und den Überblick.

Wer diese Gesetzmäßigkeiten nicht annimmt und lebt, der wird engstirnig und intellektuell. Mit der Zeit eignet er sich das an, was seine Nächsten, die ebenfalls auf der menschlichen Bahn sind, ihm vormachen.

Wenn ihr euch niederlegt, dann legt euch nieder, um zu ruhen. Ruhet bewusst, und legt euch waagerecht, und seid euch bewusst, dass ihr ruht, dann werdet ihr die Stille des Alls wahrnehmen.

Stützt ihr beim Sprechen, beim Speisen oder anderweitig das Haupt auf eure Hände, dann werdet ihr nur euer niederes Selbst sprechen und die Speisen verschlingen wie ein Raubtier, das auf Beute aus ist. Dann erzieht ihr euch zum Nimmersatt, der nach Genüssen trachtet und den körperlichen Genuss pflegt, die Körperlichkeit, weil er durch sein undiszipliniertes Verhalten, durch die verbogene Antenne entsprechende Kräfte, also Sender, empfängt.

*Der Strom des Seins ist harmonische, rhythmische Bewegung. Deshalb bewegt euch harmonisch. Harmonische Bewegungen sind die Melodien des Alls.*

*Wisset: Jeder Körper ist Klang, ist Melodie. So, wie er klingt, so ist der Mensch.*

*Jede hektische Bewegung ist eine Verbiegung der Antenne, die wiederum der Mensch selbst ist. Dann wird sich der Mensch anlehnen, im Stuhl halb liegen, seine Arme und Beine verschränken und sein Haupt auf seine Hände stützen.*

*Harmonische Bewegungen sind dynamische Bewegungen. Sie bewirken Flexibilität im Denken, Reden und Handeln.*

*Wisset: Der aufrechte Mensch ist gleichsam der Aufgerichtete, der die kosmischen Klänge in seinem Denken, Reden und Tun ausstrahlt, dessen Gestik und Mimik die kosmischen Symphonien zum Ausdruck bringen.*

*Sitzt also aufrecht, und stellt beide Füße auf den Boden; dann leitet ihr Spannungen ab und nehmt harmonische Schwingungen auf.*

*Wisset: Jeder von euch ist das komprimierte All, und das All ist das Sein – es ist die ewige*

Heimat, das Lichtmeer, Gott. Deshalb verhaltet euch als Menschen so, dass ihr in die Himmel sendet und von den Himmeln empfangt.

Lebst du im Strom des Alls, dann bist du die Essenz des Alls. Dann lebst du in der Fülle und bist die Fülle. Kein Mensch und nichts kann dich enttäuschen, weil du nichts erwartest, da du die Fülle bist.

Erkennet: Das All und der Allstrom senden unaufhörlich. Betrachtet Sträucher, Blumen, Tiere und Steine – sie sind. Sie haben ihre Antennen in das All gerichtet.

Tiere, Pflanzen, Sträucher und Bäume lehnen sich nicht an ihresgleichen an, außer der Mensch greift in den kosmischen Ablauf ein. Wenn Bäume zu dicht beieinander stehen, dann können sie sich nicht entfalten. Ähnlich ist es beim Menschen, wenn er sich an Menschen, Gegenstände und Dinge anlehnt.

Entfaltet euch: Lehnt euch an nichts und an niemanden an.

Der veredelte Mensch ist der weise Mensch, der in seinem Inneren ruht.

Der veredelte, weise Mensch lacht nicht von der Kehle her, er lächelt vom Herzen her.

*Erkennet: Eine Kultur kann einem Menschen oder einem Land nicht übergestülpt werden. Kultur muss aus dem Menschen herauswachsen. Wo keine Kultur ist, dort gibt es viel Kult.*

*Das Du Bin Ich und das Ich bist du.*
*Deshalb merke dir folgendes:*
*Du bist das Feine und Schöne.*
*Du bist das Edle und Reine.*
*Du bist im Du, das ewig ist, das Erhabene.*
*Der Erhabene ist der Eine.*

*Du im Du, dem Erhabenen, bist das Erhabene, das um alle Dinge weiß, weil der Erhabene der Vater ist – die Größe, die Macht und das All selbst.*

*Er ist die Kultur und das Kulturelle, denn Er ist Schöpfer, Gott, Träger, Beweger, Geber – das Sein.*

*Er ist Schönheit, Glanz, Fülle.*

*Er ist dein Vater – du, Sein Kind, das Erbe.*

*Du bist im Lichtmeer, Gott, das Licht; deshalb brauchst du dich an nichts und an niemandem festhalten.*

*Du, der Reine, bist die Aufrichtigkeit und der Aufrechte. Du lehnst dich weder an Menschen noch an Dinge und Gegenstände an. Du beziehst deine Kraft ausschließlich vom Allerheiligsten in dir selbst, das du, das Selbst in dir, dem Selbst, bist.*

*Lehne dich also nicht an Menschen an, sonst wirst du abhängig und unaufrichtig. Wer sich an Menschen anlehnt, der lehnt auch Menschen ab. Der Abhängige wird zum Anhängsel seiner Nächsten. Wenn diese ihn dann nicht mehr tragen, ist er einsam.*

*Lehne oder halte dich nicht an Dingen oder Gegenständen an, denn das sagt von dir, dass du dich gegenüber deinen Nächsten auflehnst. Es deutet auch auf die Aufwallung deines Gemütes hin.*

*Wisse: Jeder Mensch strahlt seine Schwingungsgrade aus. Auch Dinge und Gegenstände strahlen das aus, was an ihnen haftet. Lehnst du dich an, dann rufst du von Menschen, Dingen und Gegenständen das ab, was dich bewogen hat, dich anzulehnen, oder was die Aufwallung deines Gemütes hervorgerufen hat.*

*Ich wiederhole: An Menschen, Dingen und Gegenständen haften unzählige Schwingungen, die in den einschwingen und den bestürmen, der Gleiches oder Ähnliches in und an sich hat. Dadurch werden deine Entsprechungen, deine auflehnende Haltung und deine Gemütswallungen verstärkt.*

*Lehne dich an nichts und an niemanden an, sondern sei standhaft, aufrichtig und geradlinig, dann wirst oder bist du das Ich Bin, die Aufrichtigkeit, die Gerechtigkeit, das Allgesetz.*

*Ruhe in dir. Was du auch tust, das tue ganz, in voller Konzentration, auf die Angelegenheit und Sache bezogen.*

*Der Weise, der im gereinigten Tempel lebt, hält auch bei schriftlicher Arbeit die Tempelordnung. Jetzt schreibt er. Seine Empfindungen und Gedanken sind beim Verfassen seines Schriftstückes. Aus seinem Innersten, dem Allerheiligsten, in dem er lebt und aus dem er gibt, wirkt er auf das Äußere ein, auf jeden Buchstaben und auf jedes Wort. Dadurch verleiht er dem Geschriebenen die Kraft und durchdringt es mit dem ewigen Gesetz, Gott.*

*Was du auch tust, halte in allem die Tempelordnung.*

Jetzt gehst du da- und dorthin, und du bist bei dir, weil du in dir bist.

Jetzt arbeitest du an der Werkbank, und du bist beim Werkstück und somit in und bei dir.

Du sprichst mit deinem Nächsten, du bist bei dir und in dir und sprichst im Wort das Gesetz.

Was du tust, das tust du ganz.

Hältst du einen Gegenstand in der einen Hand, dann sollst du keinen anderen in der anderen Hand halten, außer beide Gegenstände sind aufeinander abgestimmt und stehen nicht im Gegensatz zueinander. Hältst du zum Beispiel in der einen Hand das Werkstück und in der anderen Hand das Werkzeug, mit welchem du das Werkstück bearbeitest, so sind beide Instrumente aufeinander abgestimmt, weil eines dem anderen dient.

Wenn du ein Schriftstück verfasst, dann halte ausschließlich das Schreibgerät in deiner Hand. Würdest du z.B. in der anderen Hand einen Maßstab halten oder einen Gegenstand zum Entfernen des Geschriebenen, dann wirst du unkonzentriert, und deine Aufmerksamkeit ist zweigeteilt, weil diese beiden nicht aufeinander abgestimmten Schwingungen *in dir Unaufmerksamkeit und Dissonanzen hervorrufen.*

*Hältst du in der anderen Hand einen Maßstab, dann wirst du z.B. des Öfteren Aussagen unterstreichen, die nicht unterstrichen werden sollten, oder du unterstreichst das, was du selbst noch oder noch nicht bist. Damit verleihst du deinem menschlichen Ich Ausdruck und Nachdruck, weil du dich selbst, dein Ich, unterstreichst. Hast du in der einen Hand das Schreibgerät und in der anderen den Gegenstand zum Entfernen des Geschriebenen, dann wirst du dich des Öfteren verschreiben und es dann wieder auslöschen.*

*Erkenne dich in allem, und gib dich, dein niederes Ich, auf, dann gewinnst du das Ich Bin, das Sein, das alles ist, das um alles weiß und das alles durchschaut, das alles hört, das durch dich spricht.*

*Erkenne immer wieder: Das Reine vollzieht sich ausschließlich im Innersten der Seele, im Reinen – das Unreine ausschließlich im Äußeren, in der Welt der Sinne.*

*Erkenne: Der Verstand des Menschen ist nicht das Herz der Seele. Wer aus dem Verstand spricht, der spricht aus den menschlichen Programmen, weil er nicht im Innersten zu Hause ist, im Sein, das um alle Dinge weiß, das alles schaut, das alles hört, das sich selbst spricht.*

*Worte, aus dem Verstand gesprochen, gehen nur wieder in den Verstand ein. Sie beinhalten keine Kraft; deshalb sind sie begrenzt und auf die Materie bezogen, wo sie auch wirksam werden.*

*So wie im Wandel der Zeiten sich das Denken und Leben der Menschheit wandelt, so ist es auch mit dem Wort, das vom Verstand geprägt ist. Es spricht sich von Zeitepoche zu Zeitepoche immer wieder selbst, nur mit anderen Worten und Begriffen.*

*Das menschliche, niedere Selbst vergeht, weil es einzig im Verstand geboren und von dort ausgehend gesprochen wird.*

*Die Oberfläche ist der Verstand, der auch wieder oberflächlich reagiert. Der Verstand ist also nur die Oberfläche des Sees, nicht der Grund. An der Oberfläche ist nur Spiegelung und nicht die Wahrheit.*

*Das Wort des Innersten ist das Ich Bin, das
Wort des ewigen Gesetzes. Es wurde nicht
wie das Verstandeswort geboren. Das Wort
Gottes ist von Ewigkeit zu Ewigkeit, und wer
es spricht, der ist von Ewigkeit zu Ewigkeit.*

*Der wahre Weise, der Erleuchtete, spricht
das Ich Bin. Es ist das ewige Gesetz, das Wort,
das im Innersten der Seele sich selbst ewig
spricht.*

*Der Gotterfüllte spricht niemals das Verstan-
deswort, weil er im Innersten, im Selbst, das
er spricht, zu Hause ist.*

*Lass das Wort zuerst in dir werden, bevor
du es aussprichst.*

*Ob du denkst oder sprichst, beides sind
Energien, die nicht verlorengehen.*

*Was im Innersten, im geheiligten Tempel,
empfunden wird, das ist gleichzeitig auch das
Wort. Das Innerste bringt gute Früchte, weil
die Empfindung, die den Gedanken gebiert
und das Wort hervorbringt, die göttliche
Frucht ist, das Licht und die Kraft, die in diese
Welt kommen durch den Geist Christi, der die
Finsternis besiegt.*

*Wer mit der Kraft Christi sich selbst besiegt
hat, der schaut, was ist, und spricht das Sein,
die Gegenwart, Gott. Der äußere Mensch*

*hingegen spricht aus der menschlichen Vergangenheit und Zukunft, denn die Gegenwart dieser Welt ist nur ein Hauch, der, kaum erfasst, schon zerronnen ist.*

*Der Gottmensch, der im Innersten zu Hause ist, schaut im Werdenden das Ist, weil im Innersten alles gegenwärtig und schon vollzogen ist. Der Gottmensch lebt und wirkt aus der Gegenwart Gottes. Was für den Außenmenschen erst im Werden ist, das ist für den Gottmenschen im Innersten schon vollzogen.*

*Wer im Innersten lebt, der schaut im Innersten auch, was sich in der Außenwelt vollzieht und vollziehen wird und wie es sich gestaltet. Mit seinen göttlichen Empfindungen begleitet er die Schritte, die im Äußeren noch getan werden müssen, die im Innersten jedoch schon getan sind. In das Werden legt er das Ganze hinein, so dass es auch im Äußeren werde, wie es schon im Innersten ist.*

*Was der Innenmensch im Innersten bewahrt und bewegt, das wird sich auch im Äußeren, in der Welt der Sinne, realisieren, weil es im Innersten schon ist und auch bewahrt bleibt und bewegt wird.*

*D*ie Sprache des Seins ist unpersönlich. Das Unpersönliche erwartet nichts; es möchte nichts; es spricht sich selbst, das ewige Selbst. Das ewige Selbst ist die Unendlichkeit und die ewige Fülle. Das reine Wesen ist das formgewordene Selbst, die formgewordene Fülle.

Bist du das Selbst, dann bist du das Wort des Selbst, das in dir spricht und das als Klang und Ton nach außen in die Welt dringt und sich dort spricht und an das Ohr der Welt und in das Ohr des Seins im Menschen schwingt und in seiner Seele klingt. So wird sich auch in der Welt vieles zum Wohle des Ganzen verändern.

Lass das, was du laut sprichst, aus dir strömen und durch dich fließen; es formuliert sich selbst in dir, weil es das Selbst ist. Das ist das Ich Bin, das Wort des Seins, das Leben und der Gehalt des Lebens. Es ist das Absolute, das nie vergeht, auch wenn sich die Zeiten wandeln und diese vergehen.

Das Wort, welches das Sein ist, das Ich Bin, das ewige Gesetz, das im Strom des Alls ist, fällt nicht auf dich zurück wie das schale, energiearme Wort des Verstandes. Das Wort, das Sein, bleibt im Strom des Seins und durchströmt dich, das formgewordene Sein, und auch Mich, das formgewordene Sein, und alles, was sich im Strom des Seins befindet und dort sein Dasein hat.

Sprich also das Wort, das Sein, in dir.

Lerne, alles in deinem Innersten zu bewegen, es im Innersten zu empfangen und aus dem Innersten zu sprechen; dann sprichst du die Sprache des Seins.

*A*lles, was ewig währt, vollzieht sich im Innersten der Seele. Das ist die Wahrheit, das ist die Beständigkeit, das ist das Leben, das ist der Strom, das Selbst, das Ich Bin. Es ist das Leben und die Substanz des Lebens in dir.

*W*er seinen Nächsten der Unwahrheit und der Lüge bezichtigt, ohne diese Aussage beweisen zu können, der gibt von sich selbst Zeugnis, dass er am Rande des Stromes steht und mit Steinen auf jene wirft – und sich dadurch selbst steinigt; denn sein Nächster, den er bezichtigt, ist in seinem Innersten ein Teil von ihm.

*Wer nur am Ufer des Stromes steht, der glaubt, dass dieses die Realität sei, weil er den Strom nicht kennt. Wer sich so verhält, der gibt selbst Zeugnis von dem, was er noch ist.*

*W*er das Wort, das Ich Bin, spricht, schaut die Wahrheit und die Unwahrheit. Er klärt auf, stellt richtig und geht dann seines Weges, denn er weiß: Wer sich ändert und sich Gott weiht, geht den Weg, der zur Freiheit führt. Wer sich jedoch nicht ändert, der geht auf dem steinigen Weg ins Leid, um über das Leid, das gleich die Sünde ist, zur Wahrheit zu erwachen, um dann in die Wahrheit eingehen zu können.

Wenn ihr des Suchens nach der Wahrheit nicht leid werdet, dann werdet ihr euch finden, indem ihr eure Fehler und Schwächen erkennt und sie rechtzeitig bereinigt, bevor das Leid über euch kommt. Deshalb werdet des Suchens niemals leid, sonst müsst ihr euer Sündhaftes erleiden.

*W*er sich selbst nicht anschauen möchte, schaut immer auf seine Nächsten. Er ist der Ansicht, er sei der Gute und der Nächste der Schlechte. Aus diesem Verhalten geht der Besserwisser hervor, welcher der Ansicht ist, die Abläufe des Alls lenken zu können, da er sich selbst allklug dünkt.

Erkennet: Der Tor weiß alles besser. Kommt der Nächste mit seiner Torheit zu ihm, dann streiten sich zwei Törichte. Beiden fehlt die Weisheit.

Der Gegensatz zur Wahrheit ist die Torheit; damit beschäftigen sich gar viele.

Geht die Seele als Tor in die Welten, die sie sich mit ihrer Torheit selbst bestimmt hat, dann ist rings um sie nur Torheit, weil sie in ihren Scheinbildern der Torheit lebt. Selbst wenn der ehemalige Mensch um die Gesetze Gottes weiß und sie nicht erfüllt hat, bleibt er der Tor und der Sklave der Sklaverei, der Torheit, die er gelebt und mit der er sich umgeben hat.

*Wer sich mit seinem irdischen Dasein nicht auseinandersetzt, der hat auch keine Beziehung zur geistigen Welt.*

*Wer den Weg zum Königreich des Inneren nicht wandelt, wer sich also nicht verfeinert in Empfindungen, Gedanken, Worten und Werken, der bleibt dem Diesseits, dem Leben in der Zeit, verhaftet. Ob er lebt oder stirbt, ob er wacht oder schläft – weder dieses Erdendasein noch der Tod lehren ihn etwas Neues, weil er der alte, der sündhafte Mensch geblieben ist, trotz besseren Wissens.*

*Kein Mensch kann vor sich selbst entfliehen. Jeder muss sich selbst ansehen und das abtragen, was er sich aufgetragen hat. Die Aufgabe, die ihm das Leben stellt, ist sein Leben.*

*Eines Tages wird ihm die Aufgabe gestellt, das abzutragen, was er sich auferlegt hat.*

*Was du selbst in die Gestirne, den mächtigen Speicher, eingibst, das liegt ständig auf der Lauer, über dich hereinzubrechen. Du selbst bist dir also selbst die Gefahr.*

*Wenn ihr des Suchens nach eurem wahren Selbst nicht leid werdet, dann seid ihr willig zu lernen. Wer willig ist zu lernen, der wird sich selbst erkennen und in der Selbsterkenntnis sein wahres Sein finden. Er wird verwirklichen – und somit erfüllt sein.*

*Sind Seele und Mensch nicht gewillt zu lernen, sich also durch Verwirklichung in Gott zu finden, dann wird das Leben der Seele und des Menschen härter und schwerer.*

*So ihr leidet, erspürt im Leid, weshalb ihr leidet. Lasst die Empfindungen und die Gedanken des Leides kommen, denn sie sprechen ihre Sprache. Und so ihr nicht ermüdet, das ewige Gesetz zu erfüllen, werdet ihr im Leid reifen und dem Licht näherkommen, das euch den Frieden und die Stille bringt.*

*Der Mensch sollte über den Weg seines irdischen Lebens nicht weheklagen und seinen Lebensweg nicht verurteilen.*

*Wer sich anmaßt, seinen Lebensweg zu kennen, der maßt sich auch an, Kompetenz über die Schöpfung zu haben.*

*Alle Wege, die der Geist lehrt, führen zu dem einen Ziel: dass Seele und Mensch zum Sein finden, das Gott ist.*

*Die Hoffnung und die Sehnsucht nach Gott erweckt die Erfüllung der Hoffnung. Wo die Hoffnung, das Sehnen nach dieser Erfüllung ist, dort ist Gottes Walten.*

*Ich, Christus, gebe euch Lehren zur Selbsterkenntnis, auf dass ihr immer wieder darauf zurückgreifen könnt, wenn ihr lau werdet:*
*Entscheidet euch in jeder Situation für Gott, dann entzieht ihr euch der Finsternis.*

*Ist der Mensch einmal warm, dann wieder kalt, dann ist er unentschieden und dient der Finsternis. Wer sich für die Welt entscheidet, der entscheidet sich für den Rausch des Ichs. Dann inspiriert ihn die Welt, und es inspirieren ihn jene, die der Welt angehören.*
*Mit dem Menschen macht die Finsternis ein Spiel: Sie beeinflusst ihn – einmal für, dann gegen Gott. Damit will sie Gott verhöhnen. Dieses Spiel treibt sie mit dem Menschen so lange, bis dieser sich entschieden hat.*

121

*Weitere* Lehren zur Selbsterkenntnis:

Verlange von dir immer das Äußerste, nicht das Naheliegende; dann lernst du das Kräftepotential deiner Seele kennen.

Ermahne dich immer wieder selbst, indem du dich immer wieder selbst ansprichst, wie du es mit dir halten möchtest.

Sprichst du dich also selbst an, dann weißt du, wie du es mit dir halten möchtest. Tue dies – dann erwacht in dir das ewige Selbst, das du in der Ewigkeit als Wesen der Ewigkeit bist.


*Die* Seele im Menschen ist nur Gast auf Erden. Die Seele ist Mensch geworden, um den inneren Schatz zu entwickeln und Gutes zu tun. Das Gute kommt durch Menschen – ebenso das Böse.

Der gute Mensch, der in Mir, dem Christus, lebt, bringt gute Früchte. Der lasterhafte Mensch, der sich dem Dunklen verschrieben hat, bringt Dunkles in die Welt.

Wohl jenen, die Gutes bringen, durch die das Gute in die Welt kommt. Wehe jenen, durch die das Dunkle in die Welt kommt. Die einen gehen zum Licht – die anderen leiden in der Finsternis.

*Wisset und erspüret in euren Herzen: Je mehr ihr Gott liebt, um so mehr wird euch Gott auch geben. Je freudiger ihr die Gaben der Liebe austeilt, um so mehr werdet ihr von Gott empfangen. Nur der Selbstlose empfängt, weil er selbstlos weitergibt. Wer selbstlos gibt, der schöpft aus dem ewigen Sein, aus der unendlichen Stille, die Gott ist. Dadurch wird er stiller und gottbewusster, denn er weiß: Gott gibt dem, der die Gaben aus dem Schatz seiner Verwirklichung selbstlos weitergibt.*

*Ich, Christus, Bin der Schlüssel zur Selbstlosigkeit, der Schlüssel zum Sein. Ich, Christus, Bin der Schlüssel zum Tor des Lebens. Alle Erleuchteten gehen durch Mich in das ewige Sein, denn Ich Bin das Licht der Seele, die Wahrheit und das Leben.*

*So, wie Ich allen diene, Seelen, Menschen, Tieren, Pflanzen und Steinen, so sollt auch ihr allen selbstlos dienen, die um euch sind – Menschen, Tieren, Pflanzen und Steinen.*

*Die selbstlos dienende Liebe ist die innere Hingabe. Sie durchglüht das Herz und erfreut die Seele und durchpulst jedes selbstlose Wort und jede selbstlose Tat. Sie macht die Seele* leicht und frei und den Gang beschwingt, weil Seele und Mensch das Gesetz des Alls verkörpern.

*W*as ihr tut, das tuet aus dem Geiste, denn nur die selbstlosen Werke sind in und mit Gott getan.

Glaubt ihr, dass euer Werk noch so gut sei – dann prüft euch, ob ihr es aus dem Geiste, also selbstlos, getan habt. Habt ihr es mit dem Blick auf euer menschliches Ich und auf euer Wohl getan, dann kann es sich zu Gegenteiligem auswirken. Früher oder später werdet ihr darunter zu leiden haben.

Deshalb lebet aus dem Geiste, und seid eingedenk des Inneren Lichtes, das euer Helfer und Ratgeber ist, Christus: Ich in euch, ihr in Mir; Ich in dir, du in Mir.

*D*er wahre Weise lebt in Gott, und Gott lebt durch ihn. Was er gibt, das gibt nicht er – Gott gibt es durch ihn. Was er tut, das tut nicht er – Gott tut es durch ihn.

Er spricht; doch nicht er spricht – Gott spricht durch ihn. Er arbeitet, doch nicht er arbeitet, weil Gott durch ihn arbeitet.

Der wahre Weise lebt in der Welt für die göttliche Welt und ist nur Transformator der selbstlosen Liebe, der inneren Kraft – er ist selbstloses Geben. Deshalb ist nicht er es, der spricht und handelt, sondern Gott ist es durch ihn.

*B*ewahre das Gute, das Sein, als das Kleinod deines Innersten, dann bleibst du auch in deinem Innersten und sprichst die Sprache des Innersten, die Wahrheit.

Wer nur vom Menschen, das heißt, vom Menschlichen, gezeugt wurde, der wird auch als Seele immer wieder zu den Menschen zurückkehren und vom Menschen, dem Menschlichen, geboren werden und die Sprache der Menschen sprechen – bis er der Eingeburt zustrebt, Gott, der einmaligen Geburtsstätte, die das Sein ist. Dann wird er zu Gott zurückkehren und ewig in Ihm, dem Strom des Seins, leben. Dann wird er auch die Sprache des Seins sprechen, weil er wieder das formgewordene Sein ist, in dem er sich bewegt.

Sprich die Sprache des Seins!
Nichts ist außerhalb von dir. Es ist nicht die Blume, das Gras, die Pflanze, der Stein, das Mineral – du bist das Sein, die Blume, das Gras, die Pflanze, der Stein und das Mineral, weil du als Essenz in allem bist und alles als Essenz in dir ist.

Einerlei, wo du gehst, wo du stehst, wo du bist – gehöre dem ewigen Tempel an! Halte die Tempelordnung; dann wirst du auch gerecht sein und Gerechtigkeit erlangen.

Merke dir:
Was du in deinem Innersten, in deinem wahren Sein, nicht wahrnimmst, das hast du auch in deinem Innersten noch nicht erschlossen.

Was in dir nicht lebendig ist, das erfasst und schaust du auch nicht. Ist dein Nächster nicht in dir lebendig, dann hast du auch keinen Zugang zu deinem Nächsten und auch keine Kommunikation mit Gott.

*Prüfe dich selbst: Wie du sprichst, zeigt, ob du in dir bist oder ob du nur aus deinem Ich, der Oberfläche, sprichst.*

*Speise in Gott. So, wie der Bissen und der Trank in dich eingehen, so wirken sie in dir und strahlen auch wieder von dir aus.*

*Wer den Bissen und den Trank heiligt, der hält das Bewusstsein der Speise und des Trankes lebendig. Es geht dann als Essenz und Kraft in die Seele ein. Die Speise und der Trank stärken dann nicht nur den Leib, sondern Seele und Leib.*

*Begleite mit deinem Bewusstsein jeden Bissen und jeden Schluck des Getränkes auf dem Weg in den Körper.*

*Die Empfindungen, Gedanken und Worte, die du den Speisen und Getränken auf deren Weg in den Organismus mitgibst, wirken entsprechend in Seele und Leib.*

*Alles ist Energie; auch die Speise und der Trank sind Energie. Wie du empfindest und denkst – mit diesen Kräften magnetisierst du die Nahrung und das Getränk; das gibst du ihnen auch auf den Weg in deinen Körper mit.*

*Bleibe also auch bei der Nahrungsaufnahme im Innersten deines Tempels, denn auch die Speise und der Trank gehören zur Tempelordnung, zum Tempelgesetz.*

*Jeder Bewusstseinsaspekt ist gleich der Bewusstseinsstand. Er hat das Ganze in sich und spricht sich auch selbst entsprechend dem Bewusstseinsgrad.*

*Auch die Früchte und das Getränk – jede Speise – sind Bewusstsein und sprechen die Sprache ihres Bewusstseinsgrades. Das heißt, sie stehen mit dem Strom, in dem sie sich bewegen und ihr Dasein haben, in Kommunikation.*

*So, wie du, der Mensch, es mit der Nahrung und dem Getränk hältst, so wirkt es sich auch in und an dir aus. Alles ist Schwingung, die sich in und an dir bemerkbar macht und dich auch prägt.*

*Meine Worte sind Geist und Leben, Licht und Wahrheit. Der geistig Reifende, der dem Lichte, Mir, zustrebt, wird sensitiver, durchlässiger für das Innere Leben. In der Erkenntnis des Lebens wird er keine tote Nahrung mehr zu sich nehmen. Er wird auch nicht mehr völlern und große Mengen Nahrung verzehren.*

*Der geistig Reifende lebt von innen nach außen. Dementsprechend wird er auch seine Nahrung wählen, so dass sein physischer Leib das bekommt, was er zum Leben braucht, jedoch nicht darüber hinaus.*

*Der geistige Mensch wird nicht üppig leben. Er wird seinem Körper das geben, was er braucht. Er füllt ihn nicht.*

*Erkennet: Viele glauben, wenn sie fasten und sich kasteien, dann würden sie rascher Gott näherkommen. Das ist ein Irrtum des Verstandes.*

*Das geistige Wachstum geht nicht mit einer Ernährungsweise, mit Fasten oder Kasteiung einher; auch bestimmte Gebetsweisen sind nicht erforderlich. Wichtig ist, dass der Mensch aus dem Geiste lebt; denn dann ordnet sich alles von selbst, es bedarf keiner Regeln – es bedarf eines konsequenten Lebens, indem der Mensch mehr und mehr nach innen zur Quelle des Lebens wandert, um aus der Quelle des Seins zu schöpfen.*

*Es geht nicht um das leibliche Wohl, sondern um die geistige Haltung, um euer Tun oder Nichttun.*

*Prüft also, ob das, was ihr tun wollt, eurem Innersten entspricht und eurem geistigen Wachstum dient. Seid also aufrichtig zu euch selbst. Tut nichts, was der ewigen Wahrheit, dem ewigen Sein, entgegensteht, denn vor Gott ist nichts verborgen. Eines Tages wird das von euch Verdeckte offenbar, und ihr werdet selbst schauen, ob euer Denken und Tun redlich und ehrlich war.*

*Solange ihr eure Blicke auf irdische Dinge lenkt, seid ihr nicht in das Reich Gottes eingekehrt und baut auf ein äußeres Reich, das irreal ist.*

*Solltet ihr um die Gesundung des Leibes bitten, dann kann äußeres Fasten nur dann heilsam sein, wenn ihr gleichzeitig eure menschlichen Gedanken, das, was ihr an Menschlichem erkannt habt, ablegt und so frei werdet für die Einstrahlung des Lichtes.*

*Wenn du das Allerheiligste in allem würdigst, indem du es in dir als Schatz und Leben bewahrst und es auch durch dich wirken lässt, dann wirst du im Allerheiligsten am Tisch des Herrn sitzen und speisen.*

*Bleibe also in jeder Situation, in allem, was du tust – auch bei der Nahrungsaufnahme – im Innersten deines Tempels; denn der Tempel*

deines Innersten ist mit der Essenz aller deiner
Nächsten und mit der Essenz der Naturreiche
erbaut.

Das Göttliche in deinem Nächsten und jede
Kraft im Mineral, im Stein, in der Pflanze, im
Tier ist ein Baustein deines inneren Tempels,
in welchem der Allheilige wohnt.

Fehlt ein Baustein deines Tempels, dann
bist du entweder mit Menschen oder mit Be-
reichen der Natur uneins. Dann ist auch dein
Tempel unvollkommen. Das bedeutet, dass
du nicht im Gesetz Gottes und auch nicht das
Gesetz Gottes bist. Dann kannst du auch das
Allerheiligste in dir nicht betreten, um dort
Wohnung zu nehmen.

Dann wirst du auch nicht am Tisch des
Herrn sitzen, sondern am Tisch der Menschen,
die – so wie du – unbedacht das Leben, die
Gaben aus Gott, zu sich nehmen. Dann bist
du heimatlos und ein irrendes Schaf, das sich
auch in die Irre führen lässt, da es blind ist und
oftmals blindgehalten wird, weil es Blinden
anhängt, die es in einen Tempel führen, der
von Menschenhänden erbaut ist.

Bist du jedoch bereit, deinen inneren Tempel zu errichten, zu reinigen und auszubauen

durch ein Leben in Gott, dann wirst du dich auch aufrichten und klarsehen.

In dem Maße, wie du deinen inneren Tempel vervollkommnest, wirst du auch die Tempelordnung halten und in den inneren Tempel Einlass finden.

Ist dein Tempel vollkommen, dann bist auch du eins mit allen Menschen und Wesen, mit allem Sein. Dann bist du auch eins mit dem All und seinen Gesetzen und wohnst auch im Allerheiligsten, weil du im All bist und es in dir und ihr seid von Ewigkeit zu Ewigkeit.

Das Reich Gottes ist das innere Reich. Du kannst es nur mit den inneren Augen wahrnehmen und nur mit den inneren Ohren das hören, was die inneren Gesetze dir sagen.

Du kannst das wahre Sein, dein Erbe, nur im Inneren hören. Es spricht zu dir und spricht mit dir, weil Ich das »Ich Bin« Bin, und das »Ich Bin« du bist. Deshalb bist du Ich, und Ich Bin du, und wo du bist, Bin Ich, und wo Ich Bin, da bist du, weil alle und alles in dir ist – du und Ich als Einheit in allem.

Du und Ich, die Verschmelzung beider im Ich Bin, kannst du nur im Innersten deines Tempels, im Allerheiligsten, erfahren, in welchem alles ist – das Du im Ich und das Ich im Du. Nichts ist, wo nicht Du und Ich als

*Einheit sind, weil Gott das Du und das Ich ist, das Bewusstsein der Einheit. Gott ist das Du; du bist das göttliche Wesen. Hast du das begriffen, dann suchst du deinen Nächsten nicht – du rufst nicht nach ihm. Er ist da – in dir! Wo du auch bist, er ist mit dir, weil er in dir ist – das Du und das Ich verschmolzen im Du, im Gesetz, Gott, dem Ich Bin in dir.*

Das Du Gottes ist die Dualität. In Gott werden zwei eins. Alle Zahlen münden in das Eine, in das Eins-Sein, weil Gott alle und alles eint und alle Wesen Ebenbilder des Einen sind, Gottes.

Du bist Mein Gedanke, der Allvater-Gedanke, das Gesetz. Das Mein ist dein; denn der Ewige, der Ich Bin, und du sind eins.

Du, der Reine, sprichst das Selbst, weil du das Selbst bist. Du sprichst dich daher selbst und sprichst auch in allem und in allen das Selbst an, dich im Nächsten und in allen Dingen, Geschehnissen und Ereignissen.

Das Wort des Reinen ist das Selbst, das in allem ist. Das Gesetz spricht sich selbst und bringt sich wieder selbst hervor, weil alles in allem ist – es ist immer das Ganze.

Du sprichst in allem das Ganze an und in jeder Facette der Wahrheit wieder das Ganze.

Die entsprechende Bewusstseinsstrahlung, die Facette, antwortet dir in dir, und du vernimmst auch wieder das Ganze in dir.

Du brauchst nicht nach dem Bewusstseinsstand zu fragen. Sprich immer das Ganze an, weil im Kleinsten das Große und im Großen das Kleinste ist.

Wohin der Gedanke des Gesetzes strahlt, dort strahlt er wieder das Gesetz an.

Was der Gesetzesgedanke beinhaltet, das ist schon in dir erfüllt, weil das ewige Gesetz gleich Erfüllung ist.

Der Gesetzesgedanke kann nicht zerstört oder abgelenkt werden. Beim Aussenden hat er sich schon in dir erfüllt.

In der Außenwelt erfüllt sich der Gesetzesgedanke nach dem Gesetz des freien Willens dann, wenn er Zugang in das Herz des Menschen findet.

Der Gedanke des Gesetzes kennt jedoch keine Hindernisse. Er durchstrahlt jede Verdichtung und jedes Hindernis und wartet, bis er empfangen wird. Er geht den Weg der Erfüllung auch im Äußeren, weil er ein Teil des ewigen Gesetzes ist, das sich im Innersten des Menschen befindet.

*Der Gesetzesgedanke kennt keine Zeit; er ist das Gesetz und zeitlos. Der Weg zum Menschen nach außen kann für den Menschen eine Verzögerung bedeuten, weil der Gesetzesgedanke den Augenblick zur Handlung kennt und sich so lange als erfüllt im Aurafeld des Menschen aufhält, bis er Zugang findet.*

*In der gesetzmäßigen Empfindung und im gesetzmäßigen Gedanken ist kein Rückschlag, keine Auflösung der Empfindung oder des Gedankens, weil sie das ewige Gesetz, die Allkraft, sind.*

*Ich, Christus, lehrte als Jesus von Nazareth einige Apostel und Jünger, die es fassen konnten, die ewigen heiligen Gesetze. Trotz ihres geistigen Wissens musste Ich sie immer wieder vor dem Fall in das Menschliche, in die Irr-Realität, auffangen und ihnen immer wieder den heiligen Gedanken – das ewige Selbst – näherbringen, den sie immer wieder aus ihrem Innersten ließen, weil ihnen das Blendwerk, die Irr-Realität, der menschliche Gedanke, näher schien.*

*Sinngemäß sprach Ich zu ihnen:*

*Das heilige Wort, das die Kraft Gottes ist und das in euch geboren wurde, kann nur von euch mit dem menschlichen Ich umhüllt werden – das sich im Ober- und Unterbewusstsein aufbaut –, wenn ihr es nicht als das wahre Selbst in euch bewahrt, wenn ihr es trotz besseren Wissens aus eurem Innersten entlasst durch Zweifel, Ängste oder durch Ungeduld.*

*Der Kern der menschlichen Gedanken und Worte ist das Wort Gottes. Es bleibt göttlich. Die Umhüllung jedoch richtet sich gegen euch und wird euch zur Belastung.*

*Jede Gesetzesempfindung und jeder Gesetzesgedanke geht von der ewigen Kraft, Gott, und der Kommunikation mit Gott aus. Wenn sie auch vom menschlichen Ich umhüllt sind, so bleibt der Kern, das Leben, doch in Gott.*

*Das Gesetz, Gott, ist: Senden und Empfangen. Das ewige Gesetz sendet sich selbst und empfängt sich selbst. Daher geht keine Energie verloren. Das ewige Gesetz spricht sich also selbst, und die Antwort ist wieder das Gesetz, das Selbst, weil alles Sein Gesetz ist und alle reinen Lebensformen das Gesetz sind und sie alle im fließenden Gesetz ihr Dasein haben.*

*Ich* lehrte Meine Apostel und Jünger das Gesetz:

Gott ist das Allgesetz.

Das Allgesetz, Gott, besteht aus unzähligen Bewusstseinsfacetten, welche Bewusstseinsgrade sind. Es sind die geistigen Lebensformen – Mineralien, Pflanzen, Tiere und Naturwesen –, die vom Schöpfergott, dem Geist der Evolution, zu den nächsthöheren Bewusstseinsgraden geführt werden. Auch die verschiedenen geistigen Fähigkeiten und die Mentalität sind vom Schöpfergott als Anlagen in den Lebensformen enthalten, so auch ihre geistigen Namen.

Der Ewige führt alle Seinsformen zur Vollendung. Deshalb ist alles in allem enthalten.

Jeder Bewusstseinsgrad beinhaltet das ganze Allgesetz. Die unterschiedlichen Bewusstseinsgrade stehen wieder in Kommunikation mit gleichen oder ähnlichen Bewusstseinsgraden. Trotz alledem gilt für die Lebensformen: In allem ist wiederum alles enthalten, jedoch ist noch nicht jeder Aspekt allumfassend offenbar.

In jedem von euch ist jedoch alles offenbar, weil euer geistiger Leib alle Seinsformen als das Gesetz erschlossen hat. Deshalb lernt, in euch alles in allem wahrzunehmen, zu schauen, und alles in jedem Bewusstseinsaspekt anzusprechen.

137

*Jeden Einzelnen spreche Ich an:*

*Warum möchtest du in die Ferne schauen, wenn doch das Ewige, das, was du in der Ferne glaubst, in dir ist?*

*Warum willst du mit deinem Bruder spre-chen, wenn er doch als Kraft und Licht in dir ist?*

*Hast du ihm Wesentliches mitzuteilen, sprich ihn in dir an. Dadurch stellst du eine bewusste Kommunikation zu deinem Nächs-ten her, und so es für ihn von Bedeutung ist, wird er es empfangen – dann, wenn er auch dich in sich als Kraft und Licht trägt. Ist dein Bruder mit dir verbunden, dann wird er sich in dir melden, oder du wirst ihm begegnen und mit ihm einen Gesprächstermin vereinbaren.*

*Doch alles erfolgt zuerst in dir; das ist das ewige Gesetz, nicht das Kausalgesetz.*

*Ich wiederhole: Voraussetzung für eine gött-liche Kommunikation ist, dass du die göttliche Essenz deines Bruders oder deiner Schwester in dir erschlossen hast – und umgekehrt, dass dein ewiger geistiger Lebensteil in ihm wirksam ist.*

*Ich lehrte Meine Apostel und Jünger: Wollt ihr das erjagen, was in der Ferne ist, dann werdet ihr gehetzt und gejagt werden, weil ihr im Äußeren lebt, in und mit der Welt, die nur Schein ist, also Abglanz der Realität. Es kann kurzzeitig angenehmes Weltliches auf euch zukommen – oder ihr werdet sofort mit dem Unangenehmen zu ringen haben, mit dem, was ihr gesät habt. Eventuell werdet ihr unter die alte Saat neue Saat mischen, neue Ursachen, und auch dadurch Ereignisse und Kräfte an euch ziehen, die nicht dem Gesetz Gottes, der heiligen Tempelordnung, entsprechen.*

*Dann werdet ihr nur euer menschliches Selbst sprechen und euch in eurer Menschlichkeit darstellen. Ihr werdet nicht das ewige Wort, welches das ewige Gesetz ist, das unpersönliche Leben, Gott, sprechen, weil ihr persönlich seid.*

*Alles, was euch unter Druck und Zwang setzt, was euch keinen Ausweg lässt, das ist persönlich. Das Persönliche will immer die Bestätigung – ob es sich in der Nähe oder aus der Ferne darstellt. Es kann nicht den gesetzmäßigen Ablauf nehmen, weil das Persönliche ausschließlich auf die Person bezogen ist und nicht auf das unpersönliche, kosmische All-Sein.*

Die Person, das menschliche Ich, ist das menschliche Selbst, das sich selbst sieht und daher auch nur auf das irdische Leben und auf die Person Bezug nimmt, auf das Vergängliche, das nur im Begriff der Jahre Bestand hat. Das vergängliche, menschliche Selbst drängt, um die Jahre zu nützen, in welchen es sich bestätigen kann. Da es nicht die Einheit und die Unendlichkeit ist, drängt es in die Ferne, drängt in die Nähe, drängt nach rechts und nach links, nach oben und nach unten und engt sich damit immer mehr ein, weil es alles auf sich, die Person, bezieht.

Jede Einengung führt zur Eingrenzung, zur Enge und zur Begrenzung und dann zur Explosion. Jeder Begrenzte schlägt um sich. Was ausbricht, sind die Ausgeburten: Streit, Krieg und Plünderung.

Alle diese Aspekte sind Explosionen des menschlichen Ichs, des menschlichen Selbst, das immer mehr für sich fordert. Dafür ziehen oftmals ganze Heere in den Krieg, Menschen, die gleichen oder ähnlichen Begrenzungen unterliegen und sich von ihresgleichen bevormunden lassen. Sie wählen dann ihre Führer, die ganze Völker beherrschen.

Das niedere Ich ist unersättlich. Es möchte besitzen und haben, bis der Ich-Mensch hinscheidet. Auf ähnliche Weise geht es dann in den Seelenreichen weiter oder in erneuten Einverleibungen. Daher hütet euch, auf dass ihr nicht dem geistigen Tod verfallet.

Immer wieder höre Ich euch vom Tod reden.

Was ist für euch der Tod? Für viele ist er das Ende. Doch der Tod ist nichts anderes als der Übergang in eine andere Daseinsform, in welcher ihr in gleicher Weise lebt, wie ihr als Mensch gelebt habt.

Der Tod wird nichts von euch nehmen – er wird euch auch nichts geben. Die Seele, die den Leib verlässt, ist dieselbe, die im Menschen war und die der Mensch widerspiegelte. Nach dem Leibestod erlangt ihr deshalb nicht die Auferstehung.

Nur der geht in das Licht ein, der dem Lichte zuwandert, der einwärts wandert. So, wie die Seele des Kindes aus dem inneren Reich in die Lebensschule Erde eintritt, so soll der ältere Mensch von der Erdenschule in das Innere hineingewachsen sein durch Verwirklichung und Gottnähe.

Wer das innere Reich, das Reich Gottes, erschließt, der wird zum Tempel des Heils und erlangt im eigenen Tempel, im Tempel aus Fleisch und Bein, schon die Auferstehung; dann braucht ihr den Tod nicht zu schmecken. Wer jedoch geistig tot ist, der ist auch als Seele tot. Die geistig Toten werden nach dem physischen Tod nicht auferstehen. Sie bleiben geistig tot, denn so, wie der Baum fällt, so bleibt er liegen.

Darum erlangt die Erkenntnis: Im Fleische sollt ihr zur Kindschaft Gottes erwachen, und im Fleische sollt ihr die Auferstehung erlangen, denn die Seele im Menschen ist in der Lebensschule Erde, um wieder zu dem zu werden, was sie im Vater ist: göttlich.

Wisset: Die geistig Toten schauen nur auf den Buchstaben und erfassen den Sinn nicht. Deshalb prüft, zu wem ihr redet und was ihr sagt, denn ihr sollt die Perlen nicht in die Gruft werfen, sondern denen bringen, die erwachen wollen.

Wer Mich als Mensch nicht gefunden hat, der wird Mich auch nach seinem Leibestod nicht finden. Denn wer nur im Menschlichen gelebt hat, der wird auch als Seele nur weltbezogen leben und wieder das Fleisch suchen, das für ihn das Leben ist.

*Deshalb erkennet: Leben ist Gott, und wer Gott in sich nicht gefunden hat, der hat auch Mich, den Christus Gottes, nicht gefunden. Er wird nach seinem Leibestode durch die Pforte des Todes gehen und wird geistig tot bleiben – bis er sich selbst erkennt und sich in Mir findet.*

*Wer Mich erkennt, der kennt das All. Er ist im All, und das All ist in ihm. Wer Mich nicht erkennt, der ist auf die Erde bezogen und sammelt äußere Schätze und Reichtümer, weil er des Inneren nicht gewahr wird, weil er nicht auf das große Ganze bezogen ist. Weil er Mich nicht kennt, deshalb kennt er sich nicht und auch nicht das All, das Ich Bin.*

*Die unzähligen Kräfte des Alls sind als Essenz in dir, denn du, o Mensch, bist der Mikrokosmos im Makrokosmos; du bist das Erbe der Unendlichkeit. In dir ist alles geeint; und was ist, das ist ewig. Was ewig ist, ist in dir.*

*Nur was im Innersten deiner Seele ist, ist dein, und was dein ist, das ist ewig. Das Äußere ist Schein und vergänglich. Du kannst es nicht mitnehmen; du musst es hier und dort lassen.*

*Erkenne, dass alle Dichte vergänglich ist – und was vergänglich ist, das vergeht. So wird auch die Materie vergehen, weil die Dichte nicht ewig und nicht Ewigkeit ist.*

*Ihr glaubt, ihr müsstet der Welt entfliehen, um sie zu überwinden. Ich sage euch: Durch die Weltflucht werdet ihr euch nicht überwinden; ihr werdet nicht erkennen, wer ihr seid, denn ihr habt die Spiegel eurer Welt verloren.*

*Solange ihr in der Welt die Welt nicht überwindet, die noch an euch haftet, seid ihr von der Welt her verwundbar. Ihr müsst euch aller Spiegelung entledigen und so werden, wie euch Gott schaut, wie ihr also wart von Anbeginn – und wieder sein werdet durch Mich, den Christus: Wesen des Lichtes.*

*Denn die Welt der verkörperten Wesen, der Menschen, ist zugleich die Welt der entkörperten Wesen, der Seelen. Beide Welten durchdringen einander. Sie sind Aufenthaltsorte für Menschen und Seelen, in denen Menschen und Seelen durch Werden und Wachsen reifen und so dem ewigen Reich näherkommen, um in den Strom, Gott, einzutauchen, der ewig ist.*

*Die geistig Erwachten reifen in die Ewigkeit hinein – die geistig Toten begnügen sich mit der Spiegelung.*

*Diese Welt ist der Schadstoff für die Seele und den Leib. Wer sich diesen einverleibt, der erkrankt.*

Jede Krankheit ist die Wirkung einer oder mehrerer Ursachen. Sie kann auch eine Kollektivkrankheit sein, aufgrund einer Kollektivschuld, dann, wenn mehrere Menschen aus dem gleichen Motiv sich an ihren Mitmenschen versündigt haben. Vergeben ihnen diese Menschen nicht, dann dauert ihre Krankheit an, oft über Inkarnationen oder im Seelenreich.

Die Krankheit ist das Bild deiner Seele. Sie ist der Spiegel, in dem du deine Gefühls-, Empfindungs- und Gedankenwelt erkennen kannst.

Wohl den Seelen, die Fleisch angenommen haben, um in der Erdenschule göttlich zu werden.

Wehe jenen Seelen, die Fleisch angenommen haben, um erneut der Leibeslust zu frönen.

Die Seele im Menschen ist in der Lebensschule Erde, um wieder göttlich zu werden.

Was ändert sich, wenn die Seele ihre sterbliche Hülle abstreift?

Was ändert sich, wenn eine Blume hinwelkt?

Was ändert sich, wenn die Jahreszeiten schwinden?

*Gehen sie und kommen nie wieder?*

*Oder ist im Schwinden nicht das Sein und schon wieder das Werden, das sich einkleidet in ein noch schöneres und viel üppigeres Gewand?*

*Der Mensch nennt den Herbst, das Schon-wieder-Werden in der Natur, das sich neu und üppiger Gestaltende: das Vergängliche.*

*Es gibt jedoch keine Vergänglichkeit – nur den Wandel und die Wandlung.*

*Kann im Wandel und in der Wandlung die Zeit bestehen?*

*Zeit ist Vergänglichkeit. Was vergeht?*

*Was ist Raum, wenn das Bewusstsein grenzenlos ist?*

*Was ist Raum, wenn der Mensch eine Sende- und Empfangsstation ist?*

*Was ist Raum, wenn die Naturreiche kosmisch sind?*

*Was sind also Zeit und Raum?*

*In* Gott gibt es keine Zeit, in Ihm ist nichts verloren. In Gott gibt es nicht das Nicht-begreifen-Können; dieses gehört der Zeit an.

Gott ist Gegenwart: Alles ist in dem Einen, und der Eine ist in allem; Er schenkt sich in der einen Strahlung, die Er ist, Gott. Deshalb kann Gott nur Einheit sein.

Die Vielheit ist die Zeit und ist der, der sie bestimmt und der jene Menschen bestimmt, die nach Menge und Masse streben und die im Dasein das Maß aller Dinge, Gott, verloren haben.

Vergeht der Begriff Zeit, dann fallen die Grenzen und die Begrenztheit. Dann wird Gottes Walten sichtbar. Das Sein tritt dann in das Leben der erfüllten Menschen – und sie leben: Der Tod ist dann gebrochen, weil die Zeit gefallen ist.

*Ich, Christus, sprach als Jesus sinngemäß weitere Worte zu Meinen Aposteln und Jüngern:*

*Viele Menschen haften mit allen Fasern ihres irdischen Daseins am irdischen Leben. Sie sind sich nicht bewusst, dass sie schon bei der Geburt das Sterbekleid angezogen haben und der Schleier des Todes über ihnen liegt.*

*Ihr jedoch sollt euch bewusst machen, dass jeder von euch stirbt und jeder auf eine andere Art und Weise. Deshalb solltet ihr zu eurem Sterben eine Beziehung herstellen, auf dass ihr vom sogenannten Tod nicht überrascht werdet.*

*Über jedem Menschen liegt der Schleier des Todes, den der Mensch nur dann anheben kann, wenn er geistig erwacht ist – oder er wird ihm erst dann hinweggenommen werden, wenn er gestorben ist.*

*Setzt euch also mit der Tatsache auseinander, dass jeder Mensch stirbt. Was ist nach dem sogenannten Tod?*

*Jedem Einzelnen stelle Ich die Frage: Wie willst du sterben? Das Wie gibt euch die Antwort in der Frage: Wie habe ich gelebt? – oder in der Frage: Wie will ich leben?*

Das irdische Leben jedes Menschen zeigt ihm sein Sterben auf und hebt, je nachdem, wie der Mensch gelebt hat, den Schleier des Todes an. Das irdische Leben jedes Einzelnen ist der Maßstab für das, was sich für ihn hinter dem Schleier des Todes verbirgt.

Der Mensch selbst bestimmt, ob er sich außerhalb des Rades der Wiederverkörperung befindet oder am Rad der Wiederverkörperung haftet.

Meine Apostel und Jünger fragten Mich: »Wie sollen wir uns vorbereiten?« Ich sprach zu ihnen:

Erkennet: Jeder von euch ist das Heute und das Morgen; jeder ist ein Teil von jedem Augenblick, von jeder Sekunde, von jeder Minute und von jeder Stunde. Jeder von euch ist ein Teil eines Tages, ein Teil einer Woche, eines Monats und eines Jahres.

Jeder Mensch ist dadurch der Miterbauer dessen, was er Zeit nennt. Sind die Aspekte für diese Welt, die im Augenblick, in der Sekunde, in der Minute, in der Stunde, im Tag, im Monat und im Jahr wirksam sind, abgelaufen, dann ist er nicht mehr Mensch, sondern Seele.

Den Rhythmus des menschlichen Ichs behält jedoch die Seele bei, bis sie das wahre

*Sein gefunden hat, das ewig ist. Finden könnt ihr es nur auf dem Weg der Verwirklichung.*

*Meine Apostel und Jünger sprachen: »Lehre uns weiter! Wie können wir die Tiefen unseres menschlichen Ichs ausloten, um rascher frei zu werden, damit wir Gott, dem Ewigen, näherkommen?«*
*Ich erklärte ihnen sinngemäß:*
*Die fünf Sinne des Menschen sind mit Antennen zu vergleichen. Wer diese Antennen zu wenig benützt, um zu erkennen und zu spüren, wer er ist, und um zu fühlen, wer er noch sein könnte, der findet nicht in sein Inneres und kann sich auch selbst nicht finden.*

*Erkennet: Über die fünf Sinne schafft der Mensch seine Programme. Sie befinden sich im Ober- und im Unterbewusstsein und auch in der Seele. Diese Programme bestehen aus Gefühlen, Empfindungen, Gedanken, Worten und Handlungen. Deshalb kann der Mensch je nach dem Grad der Ehrlichkeit an seinen Gedanken ablesen, wer er ist. Geht er mit seinen Gedanken auf die Welt seines Empfindens, dann erfährt er, wer er noch ist.*
*Nimmt der Mensch die feineren Antennen, die gleich Fühler sind, und taucht damit in*

seine Gefühlswelt ein, dann spürt er weitere menschliche Züge – oder er erfährt die Weisheit der Seele, das, was er schon an Göttlichem erschlossen hat.

*D*ie Fülle aus Gott ist das Leben. Wer in der Fülle Gottes lebt, der ist und bleibt erfüllt. Er braucht nicht um das Morgen zu sorgen – er ist das All und ist die Fülle der Allstrahlung, die durch ihn strömt, aus der er schöpft, weil er in ihr lebt.

Die Fülle, Gott, kennt kein Darben; sie ist und gibt und ist der Reichtum, das All, in welchem das Wesen des Alls lebt und als Essenz ist. Wer die Fülle aus Gott empfangen möchte, der muss der Welt entsagen. Er wird wohl in der Welt leben und in der Welt wirken, jedoch nicht mit der Welt sein.

Wer die Fülle verschmäht, da er sich mit den Gaben der Welt füllt, der wird darben, auch wenn er augenblicklich im Äußeren noch reich scheint.

Wenn ihr Gott um irdische Gaben bittet, dann seid ihr Kleingläubige und erkennt eure Gotteskindschaft nicht, den Strom des Alls, aus dem ihr hervorgegangen seid und in dem ihr lebt.

Bittet um die geistigen Gaben, um das Wachwerden im Geiste des Lebens, auf dass sich euer himmlisches Erbe erschließt. Bittet ihr um das, was euch aus dem Geiste eigen, ja gegeben ist, dann werdet ihr auch das Irdische erlangen, das, was ihr benötigt – und darüber hinaus; denn Gott lässt kein Kind darben.

Der Mensch ist es, der nach äußeren Dingen sinnt und trachtet. Dadurch verarmt er, weil er sein wahres Erbe vernachlässigt.

Durch eure Sorgen um morgen, durch euer Selbstbefragen, ob ihr krank bleibt oder krank werdet oder wann ihr wieder gesund werdet, hindert ihr Gott, den allmächtigen Geist, in euch und durch euch zu wirken, und ihr hindert Mich, den Inneren Arzt und Heiler, euch über eure Seele Linderung und Heilung zu bringen.

Diese menschlichen Gedanken, Wünsche und Sehnsüchte entfernen euch immer mehr von Gott und führen euch in eine lichtarme Zeit, in ein Land, das schon arm ist – so arm, wie ihr geworden seid. Dann erlebt ihr in der Zukunft eure Gegenwart.

*Wisset: Jeder von euch trägt das Erbe des Alls in sich und ist somit Besitzer der Unendlichkeit.*

*Wer sich äußeres Besitztum aneignet, wer auf Erden Besitzer von Grund und Boden ist, den er hütet und sein Eigen nennt, der wird so lange wiederkehren, bis er erkannt hat, dass sein wahres Besitztum der Himmel ist. Lasst die Erde und das Erdenleben nur zur Brücke werden, über die ihr hinübergeht. Schafft euch jedoch dort kein großes Eigentum – denn sonst schafft ihr wieder euren Platz für die nächste Einverleibung.*

*Erkennt Mich in euch – dann habt ihr Mich als euren Bruder geschaut; dann werdet ihr den Himmel schauen; denn in jedem von uns ist das ganze Sein als Kraft und Licht; in jedem von uns ist die Unendlichkeit, ist das Erbe, ist unser geistiges Eigentum. Wir sind als Kraft und Licht eins, weil Ich in euch Bin und ihr in Mir seid.*

*So ist es in der ganzen Unendlichkeit: Alles ist in allem. Das ist der innere Reichtum – das ist unser wahres Sein; das ist unser Besitztum; es ist unser Eigentum.*

*Ich sage euch, wenn euch einer um den Rock bittet, dann gebt ihm den Mantel dazu.*

*Wehe jedoch jenen, die einen Rock und einen Mantel besitzen und täuschend um einen zweiten Rock oder Mantel für sich bitten. Wehe denen, die sich selbst helfen könnten und dennoch nehmen. Sie werden zur Rechenschaft gezogen werden – dann, wenn über sie ihr eigenes Gericht von Saat und Ernte kommt.*

*Daher verwirklicht die heiligen Gesetze, auf dass ihr Schauende – gleich Wahrnehmende – werdet und ihr das Für und Wider im Menschen erkennt.*

*G*ott ist die Fülle. Wer an seinen Wünschen, Sehnsüchten und Leidenschaften haftet, der ist verhüllt; er trägt die Kleider seiner Wünsche und Leidenschaften – und somit kennt er nicht das Sein, das Leben, das der Geist Gottes ist. Er vertraut sich der Welt an und nicht dem Ewigen, der in ihm wohnt.

Deshalb lernt, aus dem Geiste des Lebens zu schöpfen, indem ihr euch mit allen Sorgen und Wünschen Gott anvertraut; Er, der All-Eine, kennt euch und weiß euch zu führen.

Wer aus dem Geiste des Lebens schöpft, der lebt in Mir, dem Christus, und schöpft aus dem Geiste der Liebe und gibt aus dem Geiste der Liebe. Er wird kein Sonderling sein, sondern ein geistig reicher Mensch. Er wird auf dieser Erde leben, jedoch nicht mit dieser Welt sein.

Ein Mensch des Geistes wird seine Arbeit erfüllen und das Beste geben. Er ist jedoch nicht nur Bürger der materiellen Welt – er ist vielmehr der Bürger des Reiches Gottes, weil er in Gott lebt und aus der Quelle, Gott, schöpft.

Nehmt diese Meine Worte als Heil und als Lebenskraft in euer irdisches Dasein auf. Dann werdet ihr als Mensch die Werke der Liebe tun, und ihr werdet mitten in der Welt stehen und eure Pflichten mit Gott erfüllen.

*Gebt das Beste! Das könnt ihr nur, wenn ihr geeint seid mit dem Besten, dem Sein. Gebt euch niemals mit Mittelmäßigem, ja Fehlerhaftem, zufrieden – gebt das Beste.*

*Bemüht euch jeden Augenblick, aus den Werken der Liebe zu schöpfen und damit eure Arbeit, euer Denken und Tun zu durchdringen; dann seid ihr das Sein im Strom des Seins, und ihr schöpft aus dem All, welches das Gesetz, Gott, ist.*

*Gedenkt Meiner Worte: Es kommt nicht auf das Äußere an, sondern einzig auf das Innere, auf das, was der Tempel beinhaltet, die Fülle, Gott. Daher reinigt euren Tempel, auf dass ihr in das Allerheiligste Einlass findet.*

*Seid niemals ungehalten; sonst werdet ihr vom Zeitlichen gehalten werden, von Dingen und Ereignissen, die dem Vergänglichen angehören.*

*Wer in Gott lebt, der lebt in der Fülle, im ewigen Gesetz, Gott. Er wird niemals nach dem Wie und Warum fragen, weil er das Sein ist, das um alle Dinge weiß.*

*Der Ungehaltene gibt von sich selbst Zeugnis, da er noch in den äußeren Dingen seinen Halt sucht.*

*Ein ungehaltener Mensch ist immer ein Suchender und dadurch ein Haltloser, weil er in der Welt Sicherheit und Halt sucht. Die Materie bietet dem Menschen auf Dauer weder Sicherheit noch Halt, weil die Materie nur Schein und nicht das Sein ist.*

*Deshalb übt euch, in jeder Situation die innere Ruhe zu wahren, auf dass ihr die Dinge und Geschehnisse im Lichte der Wahrheit erkennt.*

*Gott weiß um jeden Einzelnen. Er kennt Sein Kind und hilft ihm.*

*W*er zu schauen gelernt hat, der klagt seinen Nächsten nicht an, weil er ihn kennt. Nur der geistig Blinde klagt seinen Nächsten an, weil er sich selbst und seinen Nächsten nicht kennt.

Wirst du angeklagt, dann stelle richtig und weise allgemein auf das Falsche und die Unterstellung hin, doch nenne niemals den Namen des Anklägers; das wäre persönlich. Bleibe unpersönlich, denn wenn du ihn mit seinem Namen ansprichst und er dir nicht rechtzeitig vergibt, dann ist es möglich – es kommt auf die Ursache an –, dass du in einem anderen Erdenleben seinen Namen trägst. Sein Name, den du dann trägst, ruft die Ursachen ab, die euch aneinander binden. Durch die Ausstrahlung kann sodann die Seele oder der Mensch angezogen werden, den du einst namentlich angeklagt hast. Du und dein Nächster werden durch das Gesetz von Saat und Ernte zusammengeführt, um das zu bereinigen, was nun, in einer anderen Einverleibung, wirksam wird.

Deshalb bleibe bei der goldenen Regel: Schweige. Rede nur, wenn es wesentlich und gesetzmäßig ist.

Deshalb sei niemals ungehalten. Nimm dich zurück, und bleibe in jeder Situation unpersönlich.

*Merke dir: Rede nur dann von dir, wenn du Aufklärung geben und einen Sachverhalt klarstellen oder wenn du mit deiner Selbsterkenntnis und deren Bemeisterung deinem Nächsten dienen und helfen kannst. Ansonsten sprich niemals von dir persönlich, denn alles, was du von dir sprichst, das sprichst du gleichzeitig wieder an dich hin. Es bleibt an dir haften und verstärkt deinen Ichkomplex.*

*Ich wiederhole: Bleibe in jeder Situation unpersönlich, dann findest du zur inneren Stille und verweilst im Tempel Gottes.*

Die Materie bietet dem Menschen auf Dauer weder Sicherheit noch Halt, weil das Zeitliche nur Schein ist und nicht das Sein, die Realität, das Ewige.

Das Licht strahlt die Dinge und Ereignisse, die sich auf der Materie zeigen, an und lässt sie dich sehen. Willst du dich jedoch am Strahl des Lichtes festhalten, dann wirst du fallen. Deshalb lerne, dich im Strahl des Lichtes zu bewegen.

*Lehne dich niemals an die Materie an; bejahe nicht ausschließlich das Äußere, den Schein, sonst wirst du früher oder später an dem abgleiten, woran du dich angelehnt hast – denn jede Anlehnung führt zur Bindung, und jede Bindung ist Trennung von der Verbindung.*

*Die Bindung ist gegenständlich; sie wird angestrahlt; die Verbindung ist Gemeinsamkeit und ist durchstrahlt.*

*Schaust und hörst du nur auf das Äußere, dann bist du veräußerlicht, und dein Geschmacks-, Geruchs- und Tastsinn wird so sein, wie dein Seh- und Gehörsinn ist.*

*Du bestimmst dein Leben in der Zeit oder in der Ewigkeit, weil du die Gesetzmäßigkeit der Freiheit besitzt, und kannst dich somit entscheiden – für das Göttliche oder das Ungöttliche. Das Göttliche durchstrahlt dich; das Gegensätzliche strahlt dich nur an. Du entscheidest, wer du bist, was du bist – und letzten Endes, was du willst.*

*Du bist im Licht das Licht; deshalb brauchst du dich an nichts und an niemandem festhalten.*

*Du bist die Freiheit in der Freiheit Gottes.*

*Du bist die Weisheit in der Weisheit Gottes.*

*Die Weisheit Gottes weiß um alle Dinge; deshalb wirst du, der Weise, dich weder an Menschen binden noch an Menschliches klammern und dein Eigen nennen.*

*Du bist auch nicht mehr das Persönliche in der Person; du bist Mensch und deshalb Person – jedoch nicht mehr persönlich.*

*Du, der Weise, bist allbewusst, weil du bewusst in Gott lebst und dir alle Dinge – alles, was ist – bewusst sind, da du alles durchschaust. Der Weise hat den Durchblick und den Einblick in die Dinge, die ihn umgeben und die auf ihn zukommen.*

*D*er in Gott Ruhende und aus dem ewigen Gesetz Schöpfende spricht selten von sich. Er ist unpersönlich, denn er ist der Durchschauende und das Erfassbare und das Wort des Alls selbst. Der Weise spricht nur dann von sich, wenn er damit Wegweiser sein kann, jedoch nicht, um sich mitzuteilen.

*Spricht der Mensch sein persönliches Ich, dann spricht er sein niederes Selbst, das er aus sich herausspricht und das er gleichzeitig* wieder an sich hinspricht, weil das menschliche Ich nicht göttlich ist und somit zu ihm, der noch ungöttlich ist, gehört.

Das Ungöttliche, das menschliche Ich, das von dir ausgeht, geht wieder in dich ein. Dadurch erweiterst und verstärkst du deinen Ichkomplex, das Ungöttliche, in dir und schaffst damit immer größere Seelenfelder, in welche deine Ich-Saat eingeht und wo sie aufgeht.

Deshalb überlege, bevor du sprichst, was du sagen möchtest, denn jedes Wort ist Energie, das sein Echo hat. Bleibe also in jeder Situation unpersönlich; dann findest du zur inneren Stille und verweilst als der Weise im Tempel Gottes, der heiligen Stille.

Der wahre Weise ist kein Eremit; er lebt in der Welt, jedoch nicht mit dieser Welt. Da er Mensch ist, hat er sich verpflichtet, dem Kaiser das zu geben, was dem Kaiser gebührt, und er wird Gott geben, was Gott gebührt. Wer die irdischen Gesetze hält, die dem Göttlichen nicht entgegenstehen, der kann auch den Kaiser in die Pflicht nehmen, damit dieser ihm das gibt, was ihm als Mensch gebührt.

$\mathcal{I}$n vielen Wiederholungen lehrte Ich, Christus, als Jesus Meine Apostel und Jünger das Gesetz Gottes und das Gesetz von Saat und Ernte. Trotz alledem sprachen sie immer wieder über unwesentliche Dinge und von sich selbst, um sich darzustellen. Immer wieder sprach Ich sie an und machte sie auf das Unwesentliche, das Persönliche, aufmerksam:

Wenn ihr von euch selbst sprecht, so sprecht ihr nur das aus, was ihr selbst noch seid. Wem wollt ihr damit helfen?

Alles, was nicht verwirklicht ist, das ist leer, gleichsam hohl und nicht gefüllt von Kraft und Weisheit. Habt ihr wenig verwirklicht, so seid ihr auch nicht erfüllt von Kraft und Weisheit, sondern gefüllt vom menschlichen Ich, das seine Trugbilder hat.

Auf leere, gleichsam hohle Worte fällt wieder der herein, der selbst leer und hohl ist; denn er sieht nur auf das Wort und auf den, der spricht, weil er sich selbst nicht hört und sich auch selbst nicht sieht. Unter Umständen wählt er euch als Führer und ist dann der Verführte. Beide sind dann die Blinden, die in die Grube ihres Ichs fallen und dort aneinandergekettet sind, weil der Blinde sich auf den Blinden verlassen hat.

*Deshalb entleert zuerst euer Gefäß von eurem Menschlichen, reinigt also zuerst eure Becher und Schüsseln, eure Seelenpartikel und Körperzellen, also euren Tempel aus Fleisch und Bein, so dass ihr in das Allerheiligste Zugang findet, von wo aus ihr euren Nächsten das zu geben vermögt, was sie benötigen, und ihnen den selbstlosen Dienst anbieten könnt, womit ihr ihnen zum geistigen Aufstieg verhelft.*

*In allem, was auf euch zukommt, schaut zuerst auf das Innerste im Menschen. Erfüllt also an jedem, der zu euch kommt, das ewige Gesetz, und sei es nur durch ein selbstloses Wort, durch eine selbstlose Geste oder eine selbstlose Handreichung. Diese kleinen, selbstlosen Dienste sind für sein Seelenheil und für sein geistiges Leben wertvoller, als wenn ihr ihm im Äußeren vieles schenkt und ihm unter Umständen dadurch zu Ansehen, Reichtum und Macht verhelft. Diese Erdenlast könnte ihn zu einem tieferen Absturz verleiten.*

*Aus dem Gesetz Gottes das Kleinste, selbstlos gereicht, ist das Größte; es dient der Seele und verleiht ihr Kraft. Durch den selbstlosen, kleinsten Dienst werdet auch ihr in der Stille, in der Geborgenheit Gottes, bleiben, in Seiner Fülle, weil ihr unpersönlich gegeben habt.*

*G*ott schenkt sich – doch jeder kann von dem, was Gott als Ganzes ausgießt, nur so viel empfangen, wie er in sein geistiges Bewusstsein aufzunehmen vermag. Glaubt er, dass er mehr nehmen müsse, um für sich Kapital zu gewinnen, dann wird er es verlieren – und auch das, was er sich mühselig erarbeitet hat. Denn wer mit dem Göttlichen, der Wahrheit, äußeres Ansehen erstrebt und Geschäfte macht, der wird sich selbst verlieren und all das, was er für sein Persönliches erworben hat. Daher prüfet, was ihr denkt, und überlegt, bevor ihr redet und handelt.

Wahret die Stille, die weder menschliche Empfindung noch menschlicher Gedanke ist.

Sei still. Vertraue dich Gott an – ja, traue Ihm, und du empfängst vom Strom des Lebens das, was du gegenwärtig sagen und vollbringen sollst.

In allem, was Gott dir einhaucht, ist das Maß und das Quantum. Du empfängst also nur so viel, wie du gegenwärtig geben und sprechen sollst.

Sei still, und wisse: Du wirst geführt. Das Du deiner Seele weiß um alles; es kennt alles – es ist in allem.

Als Jesus von Nazareth erinnerte Ich immer wieder Meine Apostel und Jünger, dass dies alles nur denen gegeben ist, die ihr Ich hingeben, die nicht mehr das Persönliche in der Person sind, sondern das Sein, das wahre Selbst.

Wer in Gott lebt, der lebt in der Fülle und schöpft aus der Fülle, weil er im Ursprung lebt, der Gott ist, und er, das Wesen, göttlich ist.

*A*ls Jesus sprach Ich sinngemäß zu Meinen Aposteln und Jüngern:

Eure Empfindungen, Gedanken und Worte sind die Werkzeuge eures Körpers. Sie sind eure Vorarbeiter; ihr seid durch die Tat nur die Handlanger, die Nacharbeiter eurer Empfindungen, Gedanken und Worte. Eure Empfindungen, Gedanken und Worte gehen eurem Tun und euren Taten voraus.

Ohne eure Vorarbeiter, eure Empfindungen, Gedanken und Worte könnt ihr nichts vollbringen. Euer Empfinden, Denken und Reden bereitet für euch also das vor, was ihr dann ausführt – entweder persönlich, mit eurem Verstand, wenn eure Vorarbeiter persönlich waren, oder mit eurem Herzen, wenn eure Vorarbeiter unpersönlich, also göttlich waren.

*Wie es dir heute, in dieser Einverleibung, ergeht, das hast du dir in deinen Vorexistenzen erworben durch deine Vorarbeiter, deine Empfindungen, Gedanken und Worte, und dann durch deine Nacharbeit, durch deine Taten. Deine Arbeit, deinen Müßiggang, deine Sorgen, deine Probleme, deine Schicksalsschläge und Schwierigkeiten, deine Leiden und deine Freuden, deine Gesundheit und deine Krankheit hast du dir schon in Vorexistenzen geschaffen. Nichts kann auf dich zukommen, was du nicht schon vorher eingegeben hast.*

*Was du also in Vorexistenzen eingegeben hast, das hast du für diese und eventuell für weitere Einverleibungen vorgegeben. In deinen weiteren Erdenleben wirst du dann wieder Gleiches und Ähnliches empfinden, denken, sprechen und tun. Kein anderer kann dich sprechen; jeder spricht sich selbst, das, was er in Vorexistenzen oder in dieser Einverleibung vorgegeben, das heißt sich einverleibt hat.*

*Jede menschliche Empfindung und jeder menschliche Gedanke, jedes menschliche Wort und jede menschliche Handlung ist gleichsam eine Einverleibung: Der Mensch verleibt seine Menschlichkeit seiner Seele* ein. Damit prägt er seinen gegenwärtigen und eventuell seinen zukünftigen Erdenleib.

Was du gestern, also in vergangenen Erdenleben, warst, das bist du heute wieder – außer, Seele und Mensch haben es mit der Kraft des ewigen Gesetzes rechtzeitig bereinigt.

In diesem Kreislauf können sich Seele und Mensch unter Umständen jahrtausendelang befinden. Sie kommen immer wieder und sind immer wieder dieselben. Sie bestimmen heute ihr Morgen. Sie kommen immer wieder mit anderen Gesichtern und anderen Körpern, mit anderen Vor- und Zunamen, und in Wirklichkeit sind sie die Gleichen, weil sie wieder Gleiches empfinden, denken, sprechen und tun wie gestern. Ihr Gesicht, ihr Körper, ihr Vor- und Zuname entsprechen ihren gestrigen, der Ausstrahlung ihrer Vorexistenzen.

Was den Menschen heute ausweist, sein heutiges Denken, Reden und Tun, das sollte er heute erkennen, bereinigen und erfüllen. Wer es nicht heute erfüllt, wer also die Tagesenergie, die ihm sein Denken und Tun aufzeigt, nicht nützt, der wird auch die Erdenschule nicht erfolgreich absolvieren. Ein solcher Mensch gibt heute schon wieder vor, was er morgen sein wird.

*Jeder Mensch setzt sich jeden Morgen sich selbst aus, denn was dieser Tag ihm heute bringt und wie er es mit dem Heute hält, so wird sein Tag morgen sein und so sein irdisches Leben. Denn der Tag jedes einzelnen Menschen ist sein Leben, ist das, was er selbst in die Gestirne eingegeben hat.*

*Jeder Mensch kann heute an sich selbst ablesen, wer oder was er morgen sein wird. So, wie er morgen – also in einer weiteren Einverleibung – empfindet, denkt, spricht und handelt, so hat er heute – in dieser Einverleibung – empfunden, gedacht, gesprochen und gehandelt. Seine Tätigkeit von heute kann seine Tätigkeit von morgen sein.*

*Was der Mensch mit seiner Niedrigkeit schafft, seine Werke, sind nicht die Werke der Ewigkeit. Diese vergehen – und mit seinen Werken sein niederes Selbst.*

*Durch den Kreislauf von Geburt und Tod entstand das Rad der Wiederverkörperung. Der Mensch gibt immer wieder das in seine Seele ein, was von ihr ausgeht, womit er sie einst programmiert hat. Die entsprechenden*

Gestirne haben die jeweiligen Programme aufgenommen, wodurch ein mächtiges Kausalkommunikationsnetz entstand. Dieses Kausalkommunikationsnetz ist das Gesetz von Ursache und Wirkung, das wiederum das Rad der Wiederverkörperung bildet.

Das Rad der Wiederverkörperung, das Gesetz von Saat und Ernte, besteht aus unzähligen Sonnensystemen grobstofflicher und feinstofflicher Art. Nach dem Leibestod wird die Seele magnetisch von jener Ebene und von dem Planeten angezogen, der von ihr Programme gespeichert hat, die aktiv sind und die zur Bereinigung anstehen. Das Rad der Wiederverkörperung – mit seinen Reinigungsebenen, die feinstofflicher Art sind, und der grobstofflichen Materie – ist ein großer Speicher, der jede nichtbereinigte Ursache jeder einzelnen Seele und jedes Menschen registriert hat und diese wieder auf Seele und Mensch zurückstrahlt.

Die Seele, die im Jenseits von ihrer Seelenschuld wenig oder nichts bereinigt hat, bringt in ihr weiteres Erdenleben wieder das mit, was ihr noch anhaftet. Sie ist dann als Mensch das, was sie als Seele und als Mensch in ihren Vorexistenzen war. Jeder Mensch kann an seinem Denken, Reden und Verhalten selbst ablesen, wer er einst war und eventuell heute noch ist und morgen sein wird.

Das Hinein- und Herausschlüpfen aus dem Fleisch erfolgt so lange, bis der Mensch die Lebensschule Erde erfolgreich durchlaufen hat und seine Seele mit den geistig-göttlichen Gaben und Werten nun höhere Welten aufzusuchen vermag, die außerhalb des Rades der Wiederverkörperung existieren.

Dann hat der Kreislauf von Geburt und Tod ein Ende. Das Geistwesen, die gereinigte Seele, kehrt wieder zurück zu seinem Ursprung, zu Gott, seinem Vater, in das ewige Gesetz, weil es wieder zum ewigen Gesetz, zum wahren Selbst, geworden ist, das es dann wieder spricht, weil es das Gesetz ist.

Diese und weitere Gesetzmäßigkeiten gab Ich als Jesus von Nazareth Meinen Aposteln und Jüngern auf ihrem Lebensweg über die Erde mit und gebe sie als Christus allen Menschen, auf dass sie den Weg zum Inneren Leben wandeln, auf dem Ich, Christus, sie begleite.

Alles ist Bewusstsein. Somit bist auch du Bewusstsein. Du, das Bewusstsein, setzt dich aus deinen Bewusstseinsaspekten zusammen, aus deinen Empfindungen, Gedanken, Worten und Handlungen; das bist du. Wohin deine Empfindungen, Gedanken und Worte ziehen, dort bist du, weil du Bewusstsein bist. Deine Vorarbeiter, dein Empfinden, Denken und Reden, und deine Nacharbeiter, deine Handlungen, sind Bewusstsein.

Mit deinen Empfindungen, Gedanken und Worten sendest du dich selbst aus, denn dein Empfinden, Denken und Reden bist du selbst, das Bewusstsein. Da alles Bewusstsein ist, so wirst du, das Bewusstsein, dort sein, wohin du, der Mensch, sendest.

Wohin du sendest, dort bist du; dort baust du deinen Magnetismus auf – von dort wirst du einst angezogen werden.

Sendest du einen menschlichen Gedanken aus, dann ist dein Körper wohl hier, doch ein Teil deines Bewusstseins ist dort; es ist der Teil, der in deinem Empfinden, Denken und Sprechen liegt. Dadurch bist du mehrfach geteilt: in hier, wo dein Körper ist, in dort, wo deine Empfindungen sind, und in dort, wo deine Gedanken und Worte hinziehen. Du kannst also mehrfach geteilt sein, denn dein

*Empfinden kann z.B. bei deinem Nächsten sein, deine Gedanken z.B. am Arbeitsplatz und deine Worte bei deinem Nächsten, mit dem du sprichst.*

*Dieses Mehrfach-Geteiltsein kann zu schweren Störungen im Menschen führen. Sogenannte Gleichgewichtsstörungen können auftreten; dein Nervensystem kann dadurch zerrüttet werden; weitere Ursachen und die entsprechenden Wirkungen können die Folge sein. Dadurch kann der Mensch nicht mehr klar und logisch denken, und seine Handlungen sind dann Halbheiten.*

*Erkenne: Bist du gespalten durch das gleichzeitige Aussenden von menschlichen Empfindungen, Gedanken und Worten, so bist du also hier und dort; du bist gleichzeitig an diesen und jenen Orten. Durch dieses gleichzeitige mehrfache Senden, das menschlich ist, also persönlich, errichtest du sogenannte Erdenstationen. In den weiteren Inkarnationen wirst du – gleichsam magnetisch – dorthin gezogen und wirst die Orte aufsuchen, die du mit deinen Empfindungen, Gedanken und Worten magnetisiert hast, um dort das zu bereinigen, was du in deinen Vorexistenzen verursacht hast, wohin du also gesendet hast.*

*Willst du ergründen, wo du morgen, in einer anderen Einverleibung, sein wirst, dann prüfe im Heute deine Empfindungen, Gedanken, Worte und Werke. Und willst du ergründen, mit wem du morgen auf engstem Raum zusammensein wirst, dann prüfe dein Empfinden, Denken, Reden und Handeln gegenüber deinem Nächsten – prüfe also, was dich an deinen Nächsten bindet und was deinen Nächsten an dich bindet.*

*Wer nicht am Tempel des Inneren baut, sondern im Äußeren lebt, der lebt da und dort und schafft gegenwärtig als Mensch wieder seine irdischen Bestimmungsorte und Stationen für seine nächsten Menschwerdungen, wo er dann wohnen oder die er dann bereisen muss, um das zu beheben, was er in seinen Vorexistenzen geschaffen hat.*

*Das alles und weit darüber hinaus lehrte Ich als Jesus Meine Jünger und lehre es nun als Christus alle Menschen, die guten Willens sind.*

*Wer im Innersten seines Tempels Wohnung genommen hat, der wird die Tempelordnung halten, die lautet: Was du tust, das tue ganz.*

*Wer im Innersten, im Allerheiligsten, in Gott, lebt, der ist auf die Sache, die Angele-*

174

genheit und auf die Situation bezogen. Seine Empfindungen, Gedanken und Worte entströmen dem heiligen Tempel; sie sind das ewige Gesetz. Gesetzmäßiges Empfinden, Denken und Reden sind heilige Kräfte, die sich im allgegenwärtigen Strom bewegen und Zugang und Eingang in Menschen, Dinge, Angelegenheiten und Situationen finden.

Der Gotterfüllte, der im Allerheiligsten wohnt, von wo aus er selbstlose Empfindungen, Gedanken und Worte sendet, der bleibt trotz äußerer Bewegung, trotz der Wogen des Weltenmeeres, im Innersten seines Tempels, weil er in Gott, in der Fülle, lebt und nicht geteilt, sondern geeint ist in Gott, im Strom des Lebens, im Sein.

Selbstlose, gotterfüllte Empfindungen, Gedanken, Worte und Handlungen sind im ewigen Strom und wirken aus dem ewigen Strom und bringen auch wieder Ewiges, Gesetzmäßiges, in den Strom Gottes ein, weil alles, was rein ist, wieder in das Reine zurückkehrt. Wann und wie das Gotterfüllte in den ewigen Strom zurückkehrt, das überlässt der wahre Weise dem Ewigen.

Was der Weise vollbringt, das erfüllt er für das ewige Gesetz, den ewigen Strom, in dem er lebt.

$\mathcal{A}$lle äußeren, also heruntertransformierten Energien müssen umgewandelt und in den Strom Gottes zurückgebracht werden, wo sie ihren Ursprung haben.

Gotterfüllte Empfindungen, Gedanken und Worte sind das Einheitsbewusstsein, weil sie das Gesetz im Strom des Seins sind. Menschliche Empfindungen, Gedanken und Worte hingegen sind Einzelgänger, die sich wieder gleichgesinnten Empfindungen, Gedanken und Worten zugesellen, von wo aus sie dann wieder auf den Absender zurückkommen. Bevor sie jedoch den Absender aufsuchen, haben sie sich vervielfacht. Sie vervielfachen sich, indem die Empfänger Gleiches und Ähnliches denken, das ebenfalls zurückstrahlt. Als Komplex kommen sie dann auf den Absender zurück und wirken auch als Komplex auf den Absender ein. Das bedeutet, dass es mit ihm, dem Menschen, dann um vieles schlimmer wird, als es vorher war.

Solche Einzelgänger sind Störenfriede, es sind die bohrenden Gedanken, die den Absender bestimmen wollen. Sie drängen sich auf, weil sie des Absenders Energien benötigen, um weiterhin aktiv zu bleiben und sich weiter zu aktivieren. Wer diese bohrenden Gedanken aufnimmt, der denkt Gleiches und Ähnliches. Damit bestärkt er den bohrenden Komplex, wodurch der Mensch gleichzeitig zu dem wird, was er gedacht hat und denkt.

Wer sein Leben nicht heiligt, der verliert es und wird es, je nach Belastung der Seele, eventuell durch mehrere fleischliche Eingeburten zurückgewinnen müssen – wenn er dann durch seine eigene Hölle geht, durch seine eigenen Qualen und Leiden, durch das, was er in sich selbst eingegeben hat.

Daher nützt die Tage und Stunden, denn ihr wisst nicht, wann die Seele abgerufen wird und was sie dann zu tragen und eventuell wieder mitzubringen hat.

Wollt ihr erahnen, was eure Seele trägt, so könnt ihr ein oder mehrere Segmente eures seelischen Ichs ergründen, wenn ihr den Maßstab der Zehn Gebote an euer Empfinden, Denken, Reden und Tun anlegt.

Der Mensch selbst ist ein untrügliches Zeichen entweder des Ich Bin oder seines menschlichen Ichs. Er kann sich nur vor jenen verbergen, vor denen er sich verstellen kann – die selbst so sind, wie er ist, die selbst bunt schillern und sich mit vielen Worten und

Gesten schmücken, um die Aufmerksamkeit auf sich zu lenken.

Die Maske eines solchen Menschen ist mit einem Kartenhaus zu vergleichen. Ein Windstoß des Nicht-beachtet-Werdens – und das Kartenhaus fällt in sich zusammen. Was übrigbleibt, ist dann das zersetzende, das beißende Ich, das plötzlich eine andere Sprache spricht; denn dann sind die Masken gefallen, und der Mensch benimmt sich so, wie er ist: enttäuscht und resigniert, weil er nicht mehr beachtet wird, weil sein Ich nicht mehr aufgewertet wird, weil er nicht mehr der Mittelpunkt ist.

*H*ast du etwas zu verbergen, willst du dich also verbergen, dann suchst du einen sicheren Ort. Du machst ihn zu deiner Wahlheimat und nennst ihn Verborgenheit, in welcher du, das niedere Sein, glaubst, verborgen zu sein.

Das Verborgensein in der Verborgenheit ist jedoch offenbar, weil den Gestirnen nichts verborgen ist. Du, der du dich verbergen möchtest, hast in die Gestirne das, was du vor der Welt verbergen möchtest, eingegeben. Damit stehst du mit diesen auch in beständiger Kommunikation, einerlei, wo du bist.

Vor wem oder vor was willst du dich verbergen? Die Gestirne, in welche du das eingegeben hast, was du bist, treffen dich zur rechten Zeit – ob du dich da oder dort verborgen hältst. Es gibt keinen Ort, wo du dich vor dir selbst zu verbergen vermagst; denn das, was du in Empfindungen, Gedanken, Worten und Taten eingegeben hast, das bist du; das trägst du auch mit dir.

*Lerne*, dich selbst in deinen Empfindungen und Gedanken zu sehen und in deinen Worten zu hören und in deinen Werken zu erkennen.

Du selbst bist dir dann Spiegel und wirst immer weniger in den Spiegel deines Nächsten sehen, weil du mit der Bereinigung deines menschlichen Ichs genügend zu tun hast. Überwinde, was du an dir selbst erkennst, dann wirst du dich zum Göttlichen hin entfalten – so, wie die Blume, wenn die wärmenden Strahlen der Sonne sie berühren.

Wer sich dem Inneren Licht öffnet, der gewinnt innere Schönheit, weil seine Seele die Reinheit erlangt. Schönheit gleich Reinheit ist ein Attribut des wahren Seins. Wahre Schönheit und Reinheit können nicht nachgeahmt werden, weil das innere Kleid kosmisch strahlende Liebe ist.

Ist der physische Leib vom Glanz des Inneren durchstrahlt, dann ist der Mensch tugendhaft und selbstlos. Er gewinnt innere Anmut, welche dann die Zierde seines Äußeren ist. Der Schmuck des geistig gereiften Menschen besteht aus kostbaren Edelsteinen: aus den selbstlosen Gedanken, Worten und Werken.

*D*er Mensch muss die Sehnsucht nach dem Eins-Werden mit Gott entwickeln, dann erst gelangt er in das Eins-Sein.

An dem Tag, an welchem du vollkommen in Mir lebst, bist du zur Wahrheit erhoben, und du bist die Wahrheit.

Die Wahrheit braucht nicht zu fragen; sie braucht nicht mehr zu suchen; sie weiß um alle Dinge, weil sie die Wahrheit ist.

Bist du zur Wahrheit erhoben, dann bist du göttlich.

Der wahre Weise weiß um alle Dinge, weil er in alle Dinge des Lebens Einblick hat, da er zur Wahrheit geworden ist.

Der Erleuchtete bedarf keiner Erklärungen; er lebt das ewige Gesetz und ist das ewige Gesetz der Liebe. Daran, dass er so ist, wie er ist, aufrichtig, ehrlich, selbstlos liebend, wird er erkannt – nicht an vielen Worten der Liebe.

*D*er Mensch im Lichte der Wahrheit spricht eine andere Sprache. Was er sagt, ist vom Licht der Wahrheit durchdrungen und somit selbstlos. Der Wahrhaftige kennt nicht die Selbstdarstellung – er ist.

Wer nur das Äußere sieht, der ist geblendet von den Trugbildern dieser Welt und hält das Blendwerk für die Realität und glaubt von sich selbst, ein Realist zu sein, weil er nur an das glaubt, was seine Augen reflektieren: den Schein des Seins.

Der Schauende hingegen, der den Blick nach innen wendet, erfasst das Sein, die Wahrheit, und sieht das Äußere, den Schein.
Der Schauende schaut dich in sich als einen Teil von sich selbst. Er sieht auch dein Äußeres und sieht, wie du bist, und erkennt dich in deiner Welt des Scheins. Er weiß, woher du kommst und wohin du gehst, weil ihm dein schillerndes Gehäuse, das nur nach äußerem Glanz trachtet, offenbar ist.

Das wahre Sein ist das innere Leuchten. Es bedarf nicht vieler Worte – es strahlt. Es sucht auch nicht nach dem Öl für seine Lampe – es ist, weil es das Wahre, Schöne, das Ewige und *die Ewigkeit ist, das Licht, das nie erlischt, weil es göttlich ist. Das bist du im Lichte der Wahrheit.*

*Die Wahrheit prahlt nicht; sie ist. Sie strahlt und strahlt alle Seelen, Menschen und Wesen an, alles Sein.*

*Wer sich nach der Wahrheit sehnt, der empfängt, je nach seiner geistigen Reife, Funken aus dem Licht der Wahrheit. Je mehr Funken er zu empfangen vermag, desto intensiver und weitreichender wird sein Seelenlicht. Es leuchtet ihm auf dem Weg einwärts zu Gott, auf dass er dem Ewigen immer näher komme. Das Licht der Wahrheit füllt die Empfindungen, Gedanken, Worte und Werke des gottzustrebenden Menschen mit Licht, so dass sein Denken, Reden und Tun wahrheitsgetreu ist.*

*Menschen im Geiste der Wahrheit benötigen nicht mehr das Streichholz des Nächsten, die kleine Flamme der Aufwertung und Anerkennung, mit der sich so viele Menschen immer noch verführen lassen. Wer dieses Flämmchens bedarf, der begnügt sich mit diesem kurzen Aufleuchten. Damit wird er entzündet – und damit entzündet er wieder Gleichgesinnte.*

*Was bringt dem Menschen dieses kurz auf-
leuchtende Flämmchen? Wie lange brennt ein
Streichholz? Es flackert auf und ist sogleich
wieder abgebrannt.*

*Ähnlich ist es mit dem menschlichen Ich.
Es flackert auf und leuchtet kurze Zeit; dann
bricht es in sich zusammen. Es ist wieder
dunkel in dem, der sich mit der Aufwertung
und Anerkennung begnügt – bis ein anderer
kommt und ihm für kurze Zeit wieder das
Flämmchen der Aufwertung und Anerkennung
entzündet.*

*Dieses Heischen nach dem Flämmchen der
Aufwertung und Anerkennung erfolgt so lange,
bis sich die Seele in Mir, dem Christus, entfaltet
hat und Licht aus Meinem Lichte geworden
ist. Dann hat sich die Seele an Mir entzündet
und leuchtet in Gott ewiglich. Wer sich an
Meinem Licht entzündet, der wird wieder
selbsttätig leuchtend – so, wie er als reines
Wesen war und als reines Wesen wieder sein
wird: selbsttätig leuchtend ewiglich.*

*Wie arm ist doch der »Streichholzüber-
bringer« und wie arm derjenige, der sich am
Streichholz entzünden muss, um kurz aufzu-
leuchten, um sich kurz darstellen zu können,
um sich also kurz ins Licht zu rücken! Beide,*

der Überbringer und der, der sich entzünden lässt, sind lichtlose, noch arme Seelen, geistig Tote, die sich selbst bedauern und betrauern und sich kurzzeitig am Flämmchen der Aufwertung und Anerkennung erfreuen.

Wer so denkt und handelt und vom Nächsten das Flämmchen erwartet, der lebt nicht. Wer nicht lebt, der kennt sich selbst nicht und kennt seinen Nächsten nicht und hat auch kein Auge für das Wahre und Schöne. Er spricht vom Sein und meint sein Ich. Er spricht vom Selbst und meint sich selbst. Er handelt einzig für sich selbst und gibt sein Letztes her, um gesehen zu werden.

Der verdunkelte, der blinde Mensch, sieht nur sein niederes Selbst und schaut nicht sein wahres Selbst. Er bleibt so lange ein Blinder, bis er weiß, wer er ist, und bis er lebt, was er ist – göttlich.

Solange der Mensch nicht aus der Wahrheit schöpft, will er sich selbst beweisen. Ist er zur Wahrheit geworden, dann ist er die Wahrheit und das wahre Sein, das Leben in Mir, das unpersönlich ist.

Wer zum wahren Sein, zum wahren Selbst, geworden ist, der braucht sich nicht zu beweisen und braucht sich nicht seinem Nächsten zu beweisen, weil er das wahre Selbst, das wahre Sein, ist.

Die Wahrheit muss sich nicht beweisen – sie ist.

Wer aus der Wahrheit ist, der ist die Wahrheit; er braucht auch nicht nach der Wahrheit zu fragen.

Der Wahre vollbringt an seinem Nächsten nur Gutes, und nur dann, wenn dieser es erbittet. Der Wahrhaftige bleibt dem Nächsten immer treu und gut – auch dann, wenn dieser ihn und seine Hilfe verneint.

Ist die Seele im Menschen zum Ich Bin, der Wahrheit, dem Gesetz des Alls, geworden, dann begegnet sie auch immer wieder dem Ich Bin, weil sie im Strom des Ich Bin lebt und das Auge des Ich Bin ist.

Das Ich Bin ist das wahre Selbst; es begegnet sich immer wieder selbst, da es göttlich ist und alles Göttliche in allem enthalten ist. Du bist der Träger des wahren Selbst, des Göttlichen, des All-Lebens.

Das Ich Bin ist das wahre Selbst, ist das Sein, ist die Wahrheit, ist das Gesetz des Alls. Das Ich Bin ist alles in allem; deshalb ist es das Selbst. So du wieder göttlich bist, bist du das Selbst, das Sein, die Wahrheit, das Gesetz der Liebe, weil du der Erbe der Unendlichkeit bist und das Ebenbild deines ewigen Vaters.

So, wie im Himmel, so auch auf Erden: Das Göttliche begegnet immer wieder dem Göttlichen – sich selbst. Das menschliche Selbst, das niedere Ich, begegnet immer wieder sich selbst, dem niederen Ich.

*M*eine Apostel und Jünger fragten Mich, wie sie von Bindungen und Anerkennungsstreben frei werden können:

Ihr werdet von Bindungen und Anerkennungsstreben dann frei werden, wenn ihr euren Mitmenschen die Freiheit lasst und euch auf euch selbst besinnt, um durch Verwirklichung und Erfüllung der Gesetze Gottes die bewusste Sohn- oder Tochterschaft Gottes zu erlangen, denn in Gott leben alle Wesen frei. Sie sind an nichts und an niemanden gebunden. Sie sind reich, da sie das Gesetz Gottes erfüllen.

Erfüllen Seele und Mensch das Gesetz Gottes nicht, dann verarmen sie und binden sich an Menschen und Dinge, die sie umgeben und die auf sie zukommen.

Wer sich vom Alltagsgeschehen und von Menschen steuern lässt, der hat sein Lebensruder aus der Hand gegeben und hat keine Unterscheidungsgabe. Solche Menschen trennen sich von dem einen und binden sich an den anderen.

Beachtet folgenden einfachen Grundsatz: Baue auf Gott, den Ewigen. Erwarte nichts von deinem Nächsten, dann bist du nicht enttäuscht.

*Ihr sollt mit nichts und mit niemandem Vergleiche anstellen. Gleiches setzt Gleiches voraus.*

*Erkennet, das Innere Licht, der Christus in euch, der Ich Bin, ist unvergleichbar.*

*Wer im Lichte der Wahrheit erwacht ist, der vergleicht nicht mehr – er ist.*

*Viele Menschen sind in das Dunkel gehüllt, weil sie ganz im Äußeren aufgehen. Sie gehen an ihren Nächsten gedankenlos vorbei und wissen nicht, dass sie an Gott vorbeigehen.*

*Dunkel und somit blind, wie sie sind, vergehen sie sich an den höchsten Lebenskräften, an dem Gesetz des Heils. Sie wissen nicht um ihr Innerstes, um den kostbaren Schatz, den Edelstein, der gleich Gott ist, aus dem heraus sie geistig geboren sind und dadurch göttlich wurden.*

*Darum lernt, im Licht, im ewigen Sein, zu wandeln. Bewahrt euer Leben, indem ihr aus dem Leben schöpft. Gehet in die Stille, werdet stille und wirkt aus der Stille. Das ist die wahre Tat; das ist Gotterfülltsein.*

*Was der Mensch ausstrahlt, das zieht er an, und nur das sieht er. Jeder sieht sich im Nächsten selbst, der Göttliche und der Ungöttliche.*

*Was der Mensch denkt, dem begegnet er, denn Gleiches zieht immer wieder Gleiches an und sieht auch Gleiches.*

*Du siehst dich selbst in deinem Nächsten.*

*Das, was du siehst und worüber du dich erregst, das bist du, der Mensch. Deine physischen Augen reflektieren nur dich selbst und das, was um dich ist und was dich erregt – und das bist wiederum du.*

*Der wahre Schauende, das wahre Selbst, schaut und sieht gleichzeitig, weil das geistige Auge alles durchschaut und überschaut.*

*Der wahre Schauende hat den Blick für das wahre Sein. Er schaut in die Tiefen des Lebens und schaut sich darin selbst und seinen Nächsten und alles Sein, weil das geistige Auge alles wahrnimmt, da es gleichzeitig das Auge des ewigen Gesetzes ist: das wahre Sein, das wahre Selbst.*

*Der wahrhaft Schauende urteilt nicht, weil er der Weise ist, der in die Tiefen des Lebens schaut und alles durchschaut. Wer jedoch nur auf die Oberfläche des Lebens blickt, der* urteilt, weil er die Tiefen des Lebens noch nicht ergründet hat.

Der Schauende kennt keine Begriffe, weil er nichts begreifen muss – er ist.

Der Schauende hat keine Meinung, weil er weise ist.

Wer ist, der ist im Sein, und das Sein weiß um alle Dinge, weil Es es selbst ist, sich selbst schaut und sich selbst wahrnimmt, das Gesetz des Alls, das alles in allem ist.

*D*a in allem alles ist, Gott, ist auch alles Gott – in der Seele des Menschen und in jeder Zelle des physischen Leibes. Empfindet, denkt, spricht und handelt der Mensch gegen das Sein, das Gesetz, Gott, so handelt er gegen sich selbst.

Wer gegen seinen Nächsten ist, der ist auch gegen sich selbst, weil im Nächsten Gott ist und Gott in ihm selbst ist – alles in allem.

Wertest du deinen Nächsten ab, so wertest du dich selbst ab. Beschimpfst du deinen Nächsten, dann beschimpfst du dich selbst. Handelst du gegen deinen Nächsten, dann handelst du auch gegen dich.

*Erkenne: Wenn in dir die Allkraft, Gott, ist, dann ist auch in deinem Nächsten die Allkraft, Gott.*

*Du, das Sein, das Wesen in Gott, bist die Essenz der Unendlichkeit, da auch in deinem Bruder, in deiner Schwester die Essenz der Unendlichkeit ist. Du handelst gegen dich, wenn du gegen deinen Bruder bist.*

*Wer also gegen seinen Nächsten ist, der ist auch gegen sich selbst.*

*Der Gegenpol ist der Widersacher, der gegen Gott ist. So bist du auch gegen Gott, wenn du Seine Gesetze missachtest. Auf diese Weise schaffst du dir dein eigenes menschliches Gesetz – das bist du, in dem lebst du, und das wirkt auch auf dich ein.*

*Zu Gott zurückkehren zu wollen, heißt, zu den Menschen zurückzukehren, sie zu achten und sie selbstlos lieben zu lernen. Das ist Rückkehr zur Einheit, weil Gott alles eint.*

*In Ihm bist du und Bin Ich. In Ihm sind alle Menschen und Wesen, die Gestirne und die Reiche der Tiere, Pflanzen und Steine.*

*Du bist Mein,*
*Ich Bin dein,*
*in diesem Bewusstsein bewegt sich*
*das ewige Sein.*

*Ich Bin in allem,*
*du bist in allem;*
*alles, was ist,*
*bist du*
*und Bin Ich.*

*Es gibt nichts in der Reinheit, was nicht*
*in Mir ist.*
*Es gibt nichts in der Reinheit, was nicht*
*in dir ist.*


*Wir sind eins im Strom des Einen,*
*der ewig ist,*
*der dich und Mich beschützt,*
*aus dem Ich Bin*
*und du bist –*
*denn wir sind göttlich.*

*Er ist das Heil und die Geborgenheit.*
*Er ist die Liebe und das Geborgensein.*

*Aus Ihm Bin Ich,*
*aus Ihm bist du.*
*Uns verbindet das, was ist,*
*der Ewige und die Ewigkeit;*
*denn du und Ich*
*sind göttlich ewiglich.*

*Ist dir dein Nächster nah, dann bist du Gott nah. Ist dir dein Nächster fern, dann bist du Gott fern. In jedem Augenblick bestimmst du selbst, wie nah oder fern dir Gott ist.*

*Hast du gelernt, in die Seele jedes Menschen hineinzuspüren, dann erlebst du in dir selbst den Seelengrund deines Nächsten und weißt, wessen Seele und Mensch bedürfen. Nur dadurch, dass du dich in deinen Nächsten hineinversetzt, kannst du diesen verstehen und mit ihm eins werden.*

*Hast du deinen Bruder, deine Schwester in dir erfahren und geschaut, dann hast du gleichsam Gott geschaut; denn Gott ist das Göttliche in dir und in deinem Nächsten.*
*Machst du deinen Bruder nieder – sei es in Gedanken oder mit dem Schwert –, dann machst du dich gleichsam selbst nieder; denn die positive Seite deines Bruders, das Göttliche, ist in dir.*
*Bist du gegen deinen Bruder, dann bist du also gegen den Teil deines Bruders in dir.*
*Was du heute zerstörst, das musst du morgen wieder aufbauen.*

*Ich*, Christus, lehrte als Jesus Meine Apostel und Jünger das Schauen, das gleichzeitig Wahrnehmung ist, denn die Sinne der Seele und die Sinne des Menschen sind Wahrnehmungsorgane.

Wer seine menschlichen Sinne vergeistigt hat, der schaut und hört das innerste Sein, sein wahres Selbst, und sein Geruchs-, Geschmacks- und Tastsinn wird nur auf das ausgerichtet sein, was göttlich ist.

Die Schau ist die Wahrnehmung des Seins im Strom des Seins. Wollt ihr euch im rechten Schauen, in der göttlichen Wahrnehmung, üben, um das Auge der Wahrheit zu öffnen, welches das Sein ist, dann bejaht – zuerst noch blind – das Sein, das in allem, was ihr seht, ist.

Auf diese Weise erfahrt ihr in euch, dass das Sein keine Unterschiede kennt. Es hat jedoch die Unterscheidungsgabe und schaut und erfasst die verschiedenen Bewusstseinsgrade der Evolutionsstufen, die zur Vollendung hinreifen.

Macht keine Unterschiede zwischen euren Nächsten; denn wenn einer eurer Nächsten euch näher ist als der andere, dann verwerft ihr den anderen und dünkt euch höher als der, der euch letztlich ebenbürtig ist, der andere. Solange ihr Unterschiede macht, werdet ihr

*nicht die Unterscheidungsgabe erlangen
und daher auch in eurem Denken und Tun
unterschiedlich reagieren, weil ihr nicht das
Ganze in allem schaut und auch nicht wahrzunehmen vermögt.*

*Bejaht in allem das Ganze, dann werdet ihr
die Tempelordnung halten und werdet auch
die Bewusstseinsgrade schauen lernen und
die Unterscheidungsgabe erlangen und die
Sprache des Gesetzes erlernen, die nicht die
Sprache der Menschen ist.*

*Die Sprache des Gesetzes ist das erschlos-
sene göttliche Bewusstsein, der Stein des
Weisen, der alle Facetten der Wahrheit in die
Unendlichkeit strahlt und somit alles weiß,
weil er das Gesetz, das All ist.*

*Das Auge des Gesetzes ist zugleich das
Ohr des Gesetzes: Was du schaust, das hörst
du auch.*

*Wer schaut, der hört, registriert und reagiert
zugleich. Was er schaut, das registriert er auch,
und was er hört, das vernimmt er auch.*

*Er schaut das Sein, weil er das Sein ist, und
hört das Sein, weil er das Sein spricht, welches
das Leben ist.*

*Wer die Wahrheit ist, der sieht auch seinen Nächsten, wie er ist. Er hört das, was sein Nächster nicht spricht, und so dieser spricht, vernimmt er aus dem, was der Nächste sagt, wer dieser ist.*

*Der Schauende durchschaut alles, weil er den Durchblick hat. Dein Augenlicht ist das Licht deines Ichs oder des Ich Bin.*

*Was du siehst und dich erregt, das hast du angezogen.*

*Was du erhorchst, das dich erregt, das hast du angezogen.*

*Was du sprichst, das bist du, und mit Gleichsprechenden bist du auch zusammen.*


*Das Reflexionslicht deines physischen Auges, deines physischen Gehörs, deines physischen Wortes und deiner physischen Wünsche und Leidenschaften ist das Licht deines Ichs. Mit diesen Reflexen deines menschlichen Ichs ziehst du einzig die Menschen an, die dir gleich oder ähnlich sind. Mit den Menschen, die gleich oder ähnlich reflektieren wie du, bist du einer Gesinnung. Sie ist menschlich und hat keinen Zugang in die Himmel.*

*Der wahre Weise reflektiert nicht; er durchdringt alles, weil er das ewige Gesetz ist, das alles durchdringt.*

*Das Reine durchdringt das Reine, es macht keine Unterschiede; rein ist rein. Es durchdringt das All und alle Reinen.*

*Das göttliche Prinzip – Senden und Empfangen – durchzieht das All.*

*D*er Unreine sieht sich immer nur selbst – sein Unreines – in seinem Nächsten. Das strahlt er aus – das ist er.

*Wer sich, sein niederes Ich, bejaht, der versteht nur sich, sein niederes Ich. Damit steht er auf der menschlichen Ebene.*

*Wer ist, der braucht nicht zu verstehen, weil er weise ist. Er ist die göttliche Essenz in seinem Nächsten, und sein Nächster ist wieder die göttliche Essenz in ihm. Beide durchstrahlen einander, und beide durchstrahlen das All und das All die beiden, und die beiden und das All alles Sein, das formgewordene Sein, die Geistwesen und geistigen Naturreiche. Und alles formgewordene Sein durchstrahlt wieder die beiden, da alles in allem enthalten ist. Es bestehen also keine Unterschiede, nur die Unterscheidungsgabe der Bewusstseinsgrade.*

*So wie oben, so unten.*

*Es gibt nur ein Gesetzesprinzip: Was du sendest, das empfängst du.*

*Nichts, was ewig ist, ist außerhalb von dir. Was der Himmel ist, das ewige Gesetz, das ist in dir; das bist du, das Selbst – und das umgibt dich auch, weil alles in allem enthalten ist und in allem das Sein, das Gesetz, wirkt.*

*Was auf Erden ist – die Dichte, die Materie –, entstand durch das umgepolte Prinzip »Senden und Empfangen«, durch das niedere Ich, das sich selbst prägt durch das Empfinden, Denken und Sprechen des Einzelnen. Was der Mensch sich an Menschlichem angeeignet hat, ist ungöttlich. Das belastet seine Seele und seinen Leib; das strahlt er aus. Durch das Ungöttliche entstand die Dichte, die Materie, die nur Spiegelung ist.*

*Das göttliche Prinzip ist das Reine – das ungöttliche Prinzip ist das Unreine, woraus die Materie hervorging. Das göttliche Prinzip kann das umgepolte, das ungöttliche, das menschliche Prinzip durchstrahlen – das Ungöttliche, das Menschliche, jedoch nicht das Göttliche.*

*Weil das Göttliche in der Materie ist und die Materie durchstrahlt, werden mit der Zeit die Spiegel, die als ganzes die Materie bilden, blind; denn früher oder später wird sich jeder Spiegel im absoluten Prinzip wandeln, weil der Geist die Materie durchdringt und auf Dauer kein Schatten bestehen kann.*

*Dann ist alles wieder das Sein im Strom des Seins.*

*Die Reinen, die im reinen Prinzip, im Strom des Seins, leben und das Sein, das Absolute, das reine Prinzip, verkörpern, sprechen die Sprache des Urempfindens, die sich in ihnen selbst ausdrückt, weil sie selbst das Wort der Wahrheit sind, das in ihnen offenbar wird.*

*Sendet der Reine, dann empfängt der Reine in sich selbst das Wort des Reinen, weil sein Nächster – und die Sprache seines Nächsten – göttlich ist und wiederum ein Teil des Empfangenden. Im göttlichen Wort ist das ganze Gesetz enthalten, weil alles in allem das Ganze ist.*

*Das unreine Prinzip ist das menschliche Ich; es ist das, was außerhalb ist; es ist die Dichte, das menschliche Sein, das menschliche Empfinden, Denken, Reden und Handeln – das wiederum der selbst ist, der es aussendet und auch auf seinen Nächsten projiziert. Dann* hört er auch nur die Sprache seines Nächsten, die wieder seine Sprache ist, weil Gleiches Gleiches anzieht.

Deine Empfindungen, Gedanken und Worte sind ein Teil von dir. So, wie du sie aussendest, so verhalten sie sich auch dir gegenüber, so kommen sie wieder zu dir zurück. Wie du also sendest, so empfängst du, und so wirst du dich auch gegenüber deinem Nächsten verhalten: positiv, göttlich – oder ungöttlich, menschlich.

Deine menschlichen Empfindungen, Gedanken, Worte und Werke prägen dir den Stempel auf, der du selbst bist.

Deine Lebenswelt, die sich aus der Summe deines Empfindens, Denkens, Redens und Handelns zusammensetzt, aus der auch deine Sehnsüchte, Leidenschaften und Wünsche hervorgehen, zwingt dich immer wieder, Gleiches und Ähnliches zu empfinden, zu denken, zu sprechen und zu tun. So lange bist du die Spirale deines Ichs, bis du dich aus diesem Kreisel herausbegibst und dem Verführer widersagst – der du selbst bist, der dein menschliches Ich ist.

Der Verführer ist deine kleine, ichbezogene Denkwelt, die aus unzähligen Fäden und Seilen deines menschlichen Ichs besteht, die dich immer wieder einfangen und an das binden, was du empfindest, denkst, sprichst und tust. Nur mit Mir, Christus, kannst du die Fesseln deines menschlichen Ichs lösen, um in das ewige Prinzip zu finden, in das ewige Gesetz, Gott, das sich selbst spricht, da es nur ein Prinzip gibt: Senden und Empfangen.

Erkenne und erfahre dich als das Prinzip Gott; dann durchschaust du die Schliche und die Falschheit des Widersachers. Denn über deine menschlichen Gefühle und Gedanken schleicht er sich bei dir ein, um deinen Tempel zu verwüsten.

Deshalb lerne Folgendes, und nimm es dir zu Herzen: Dein Gedanke bist du. Womit du deinen Gedanken ausstattest, das bewirkt er in dieser Welt, an und in dir und in deiner Umgebung.

Wollt ihr euch in eurem Gedanken erkennen, dann legt diesen Gedanken euch selbst zur Betrachtung vor. Betrachtet ihn aufmerksam; dann werdet ihr verwundert sein, wie viele Inhalte er in sich birgt.

*Ich, Christus, lehrte als Jesus Meine Apostel und Jünger weiter: Euer irdischer Leib ist ein Gedankenkörper. Was ihr in Vorexistenzen empfunden, gedacht, gesprochen und getan habt und das von euch nicht bereinigt wurde, mit dem seid ihr heute ausgestattet.*

*Eure Körperzellen und Körperorgane, die sich schon im Mutterleib bilden, werden von der Seele geprägt, die sich darauf vorbereitet, das Haus zu beziehen. Das, was ihr in diesem Erdenleben bereinigen sollt, das prägt vor der Geburt euren Körper. Wollt ihr erfahren, was ihr mitgebracht habt und was aus jenem Leben ist, dann lest euer Lebensbild: die Skala eurer menschlichen Empfindungen, Gedanken, Worte, Werke, Wünsche, Leidenschaften und Sehnsüchte.*

*Erkennet: Die Seele bringt also ihre Prägung mit und prägt auch schon im Mutterleib ihren Körper. Obwohl die Gehirnzellen des Kindes noch ohne Speicherung sind, so ist doch das, was der Mensch in diesem Leben erfährt, schon im Körper, in den Körperzellen, gespeichert.*

*Die Seele, die sich zur Einverleibung vorbereitet, gibt schon bei der Befruchtung in die erste Zellteilung ihr Mitgebrachtes ein – das,* was für sie in diesem Erdenleben von Bedeutung ist. Sie bestimmt also schon im Mutterleib ihren Körper.

Die lichte Seele gibt die feine Struktur des Menschen vor, die edlen Züge, die sich erst in späteren Jahren bemerkbar machen können, wenn der Körper wächst und der Mensch das Feine der Seele gefördert hat. So, wie die Struktur des Körpers ist, so schwingt auch der Mensch; so strahlt er auch; so ist er auch; so verhält er sich auch.

Eine belastete Seele gibt eine gröbere Struktur vor, die auch schon in jungen Erdenjahren erkennbar ist, oftmals dann, wenn das Erdenkleid in die Entwicklungsphase der Pubertät eintritt. Nicht immer ist dabei die Körperfülle von Bedeutung, insbesondere nicht in der Entwicklungsphase der Pubertät.

Es gibt jedoch keine Zufälle; so ist es auch kein Zufall, dass der eine eine feinere Struktur, der andere eine gröbere Struktur hat; der eine feingliedriger, der andere schwerer ist; der eine arm und der andere reich ist; der eine krank, der andere gesund geboren wird.

Die wenigsten Menschen denken darüber nach, warum es so ist, wie es ist. Für die meisten ist es wichtig, dass es ihnen gutgeht.

*Der Nächste, der am Wegrand bettelt, der krank daniederliegt oder der von seinen Mitmenschen misshandelt und verachtet wird, interessiert die wenigsten Menschen – ebenso verhält sich die Masse der Menschen der Tier- und Pflanzenwelt gegenüber.*

*Auch das Desinteresse fällt unter das Gesetz »Was du säst, wirst du ernten«. Wer sieht, dass Menschen Menschen misshandeln oder töten; wer sieht, dass Menschen Tiere misshandeln und töten und die Natur schänden; wer sieht, dass Menschen bewusst gegen die Gebote Inneren Lebens verstoßen, und die Augen verschließt, also nicht widerspricht – der ist nicht besser als der Täter. Die Ausstrahlung seiner Seele, sein Verhalten und seine Körperform sagen dann ebenfalls aus, wer er ist.*

*Obwohl die Erde selbst und alles auf der Erde Materie ist, weisen die Strukturen der einzelnen Menschen und all der anderen Formen des Lebens erhebliche Unterschiede auf. Jeder Mensch bringt also seinen Seelenausweis mit. Die Struktur seines Körpers weist ihn insofern aus, als der Mensch sich dann so gibt, wie er beschaffen ist: fein, edel, verständnisvoll – oder derb, grob und intolerant.*

*»An den Früchten sollt ihr sie erkennen«,
heißt unter anderem auch: Der Mensch zeigt,
wer er ist – an dem, was er sagt, wie er es
sagt, was er tut und wie er es ausführt, wie er
sich kleidet und mit wem oder womit er sich
umgibt.*

*Er offenbart in allem entweder Attribute des
Ich Bin, des inneren Wesens – oder Attribute
der belasteten Seele.*

$\mathcal{W}$er über einen seiner Mitmenschen in
Gedanken urteilt, weil er der Ansicht ist,
er sei besser als sein Nächster, der ist eher
noch schlimmer. Was er in seinen Gedanken
verbergen möchte, das trägt er durch seine
Attribute zur Schau und stellt für den wahren
Weisen sichtbar sein Falschsein dar. Der eine
redet süß und denkt sauer und zeigt sich so als
der Verschlagene, der seine eigenen Schläge
bekommt. Menschen, die von der Falschheit
geprägt sind, schleichen umher, sind listig,
wollen alles erhorchen, um sich dann über ihre

Mitmenschen zu erheben, indem sie über sie süß – gleich sauer – reden und deren Leben und Dasein herabwürdigen.

Der Aufrichtige, der alles klar und unpersönlich anspricht, ist nicht der Stolze, der Überhebliche. Aufrechte Menschen sind aufrichtige, klare Menschen, die Weitblick haben.

Aufgerichtete, sich zur Schau stellende Menschen, Menschen also, die sich künstlich eine Würde auferlegen, sind unklare Menschen, die ihre Enge dadurch verbergen, dass sie viel von sich reden, gütig und geschäftig tun. Es sind die Herrschsüchtigen und Eifersüchtigen, die wenig Innenleben haben – jedoch um so mehr äußeren Schein.

Die nach außen gekehrten Menschen suchen den äußeren Glanz und schaffen für sich das, was die Masse der Menschen nicht hat: den Reichtum. Es sind die Menschen mit grober Struktur, die sich dann auch verkleiden und sich in Purpur, Gold, Samt und Seide hüllen, um das zu verhüllen, was sie sind: grob, herrschsüchtig, eifersüchtig, neidisch und intolerant.

Einerlei, womit der Mensch sich zu verbergen trachtet – der Ausweis des Menschen ist immer sein Denken, Reden und Tun; auch

dann, wenn er sich intellektuell gibt und mit
Wissen prahlt und sich mit Worten schmückt,
die dem feinen Menschen nicht eigen sind,
weil er fein ist und sich auch so gibt – edel.
Die Worte des Edlen beinhalten den Glanz des
Inneren, da auch sein Empfinden und Denken
den Glanz der lichten Welten trägt.

Das und Weiteres lehrte Ich Meine Apostel
und Jünger. Immer wieder ging jedoch das
Mahnwort voraus: Wer über seine Nächsten
urteilt und sie verurteilt, der ist schlimmer als
derjenige, über welchen geurteilt wurde.

Die Lehren aus dem Absoluten Gesetz und
aus dem Kausalgesetz und weitere bildhafte
Weisungen gab Ich Meinen Aposteln und
Jüngern mit auf ihren Lebensweg – zur Selbsterkenntnis und zur Erkenntnis. Denn wer sich
selbst erkennt und das Erkannte bereinigt, der
erlangt die Unterscheidungsgabe zwischen
Gut und Böse.

Einige Meiner Apostel und Jünger unterrichtete Ich im Aussenden von Empfindungen, Gedanken und Worten. Gleichzeitig wies Ich sie auf die Gefahren hin, die im Umgang mit Empfindungs-, Gedanken- und Wortenergien liegen, also im Senden und Empfangen.

In der Jetztzeit [1991] vernehmen und lesen viele Menschen Mein Wort, das Ich, der Christus Gottes, Bin und durch Mein Instrument gebe. Alle, die Mich durch Mein Instrument hören oder Meine Worte lesen, mache Ich ebenfalls auf die Gefahren aufmerksam, die im Senden und Empfangen von Empfindungen, Gedanken und Worten wirksam sind.

Jede Empfindung, jeder Gedanke und jedes Wort ist ein Sender, der sich seinen entsprechenden Empfänger sucht, um sich zu verwirklichen.

Das, was der Mensch sendet, wird den Empfänger finden, der aus gleichem oder ähnlichem Gedankengut besteht. Da jeder Empfänger auch den Sender beinhaltet, wird dieser durch den Sendenden angestoßen und sendet wieder Gleiches oder Ähnliches zurück. Durch diesen gedanklichen Austausch entsteht ein immer größerer Sendekomplex, ein Programm, das dann auch von der Seele als

Belastung, als Ursache, aufgenommen wird. Daraus ergeben sich die Schicksalsschläge, Krankheiten und Nöte – die dem entsprechen, woraus der Komplex oder die Komplexe, das Belastende oder die Belastungen, besteht.

Der Widersacher ist bestrebt, den Menschen so zu lenken, dass dieser unermüdlich gegensätzlich denkt und infolgedessen auch Gegensätzliches empfängt. Dadurch bauen sich im Gehirn des Menschen und in seiner Seele Kommunikationsfelder auf, die er sodann auch selbst benützt. Über die Negativkommunikationen, die – solange die Seele belastet ist – auch zu seinem Sendepotential gehören, erfolgen dann sogenannte Einspritzungen, das heißt, der Widersacher lässt in die fließenden Negativprogramme des Menschen seine Wünsche und seinen Willen einfließen.
Wer dies zulässt, dessen Leben wird sich mehr und mehr zum Negativen hin wandeln. Zuletzt wird er nicht mehr erkennen, ob es seine eigenen Negativprogramme sind oder die des Widersachers oder die von Seelen, die sich an ihn hängen, um über den Menschen sich das zu erfüllen, was sie einst im irdischen Dasein, in ihren Einverleibungen, nicht vermochten.

*Ihr habt gehört: Alle Wesen und alles Sein sind durch Kommunikation miteinander verbunden. Das Prinzip der Kommunikation lautet: Senden und Empfangen.*

*Was das Geistwesen sendet, das ist als vollkommenes Bild dort zu sehen, wohin es gesendet hat, z.B. im Geistwesen, das empfängt.*

*Jeder kosmische Impuls ist das Gesetz, das sich als vollkommenes Bild offenbart. Jeder kosmische Impuls ist das gelebte Gesetz und ist daher von Licht und Kraft durchdrungen. Der Impuls, den das Geistwesen sendet, verfehlt niemals den Empfänger, weil der Impuls, das Bild, das Ich Bin ist, das Leben.*

*Im umgepolten, im satanischen Prinzip erfolgt Ähnliches: Das ausgesandte menschliche Ich ist ebenfalls ein Bild. Je mehr dieser Impuls, das menschliche Bild, vom Sender gelebt wird, um so intensiver ist es vom Sendenden durchdrungen. Je mehr es vom Sendenden gelebt wird, um so rascher kommt es auf ihn zurück.*

*Das Gesetz lautet: Was du sendest, kommt von dir und ist von dir gelebt.*

*Das umgepolte Prinzip besagt: Was du denkst und sprichst, musst du in dir nachvollziehen; du musst es in dir bildhaft erleben, dann kommt es um so rascher auf dich zu. –*

Wer dieses von den Dämonen eingegebene umgepolte Prinzip ausführt, hat es zu tragen.

Wohin der Mensch sendet, von dort empfängt er die Antwort. Für das Senden außerhalb des ewigen Seins müssen Seele oder Mensch die entsprechenden Gegenleistungen erbringen.

Erkennet und erfasset: Die Seele, die zur Einverleibung geht, baut schon im Mutterleib ihren werdenden Körper auf. Schon die Organe und die Körperfunktionen bilden die Magneten für die materielle Strahlung. Ist das Kind geboren, dann empfängt der Säugling von der Seele über die Organe und Körperfunktionen die Seelenstrahlung. Dadurch tritt die Seele mit dem Körper in unmittelbare Verbindung.

Solange das Kind zwischen Gut und Böse noch nicht zu unterscheiden vermag, tragen die Eltern die Verantwortung für ihr Kind. So, wie sie es mit dem Säugling halten, wie sie mit ihm umgehen, was sie zu ihm sprechen oder worüber sie sich in seiner Anwesenheit unterhalten – das nimmt der Säugling zuerst über die Organe und die Körperfunktionen auf. Im weiteren Verlauf der Verwurzelung der Seele im Körper geht dann die Prägung der Körperfunktionen in die Gehirnzellen des Kindes ein.

*Erkennet: Gleiches zieht Gleiches an. Es ist kein Zufall, dass ein Kind gerade in die Familie kommt, in die es sich nun eingeboren hat. Deshalb kann eine gute oder weniger gute Entwicklung des Kindes nicht einzig auf die Eltern bezogen werden, sondern auf das gesamte Energievolumen der Familie. Denn wenn Seelen als Menschen, also in ihrer Einverleibung, eine Familie bilden, dann haben alle Familienmitglieder die Aufgabe, ihre Familiensendestation zu überprüfen und daraus das zu machen, was dem Einzelnen dazu verhilft, ein Mensch des Geistes zu werden.*

*Die Familie – also alle Familienmitglieder – bildet die Geburtsstätte, entweder für das Positive oder das Negative, das Für und Wider, das sich dann auf die nächsten Einverleibungen der einzelnen Seele überträgt. Wo die Seele nach dieser Einverleibung sein wird, das entscheidet jeder Mensch selbst. Denn jeder ist für das verantwortlich, was er als Seele aus den Seelenreichen mitgebracht hat, und dafür, wie er sich als Mensch in diesem Erdendasein verhält.*

*Was also die Seele beinhaltet, Licht oder Schatten, das hat sich der Mensch selbst auferlegt. Die Glieder der Familie haben Gleiches oder Ähnliches miteinander abzutragen oder* miteinander zu tragen. Deshalb sollte die Familie die Keimzelle für das Gute, Reine, Schöne und Edle sein.

Wer seine Sende- und Empfangsstation kontrolliert, wird erfassen, was er sendet. Derjenige weiß dann auch, was er empfängt. Was er empfängt, das ist er heute, und das wird er in der Zukunft sein – entweder Licht und Freiheit oder Dunkelheit und Gebundenheit, woraus wieder Leid, Krankheit und Not hervorgehen.

Der Widersacher möchte, dass der Mensch unermüdlich gegensätzlich sendet, um ihn – nach dem Gesetz »Was du säst, also sendest, das wirst du ernten, also empfangen« – an sich und an das Rad der Wiederverkörperung zu binden. Durch das bindende Verhalten des Menschen bindet er auch die Schwächeren an sich und zieht sie gleichsam wieder herab, das heißt über das Rad der Wiederverkörperung zu weiteren Einverleibungen. Dann ist es möglich, dass sich die derzeitige Familie in einer anderen Einverleibung wieder zusammenfindet, nur in einer anderen Zusammensetzung – der Vater oder die Mutter können nun die Kinder des ehemaligen Kindes sein.

Wer sich selbst nicht erkennt, der kennt auch sein Gegenüber nicht; er wird dadurch zweigeteilt sein – einmal für Gott, dann wieder gegen Gott. So bleibt er ein schwankend Rohr im Wind, dem der Blick für die Wahrheit verschlossen ist.

Die Zwei- oder Mehrfach-Geteilten rufen »Herr, Herr«, und sind doch nicht bei Mir. Sie wollen einmal Mir angehören, dann wieder der Welt. Das sind die Lauen, die vom Licht der Wahrheit sprechen, jedoch nicht im Licht der Wahrheit leben und das Licht der Wahrheit nicht kennen. Sie reden vom Himmelreich und sind ihm doch fern, weil sie in der Gottferne leben. Sie sind einmal warm, dann wieder kalt; auf sie ist kein Verlass, denn sie richten sich nach dem Wandel der Zeit und nach denen, die ebenfalls wie sie sind: einmal warm, dann wieder kalt.

Die Zwei- oder Mehrfach-Geteilten haben noch wenig Licht in ihren Seelen. Sie bleiben so lange an das Rad des Kommens und Gehens gebunden, bis sie die Einheit mit allen Lebensformen erlangt haben und somit eins mit Gott und allen Wesen und Menschen sind.

*Sei du das Selbst in jedem Empfinden, in jedem Gedanken und in jedem Wort und in allem, was du tust. Dann brauchst du dich nicht an deine Nächsten anzulehnen; du bist eins und in der Einheit die Einheit, weil du alles bist, was ewig ist.*

*Nur der sorgt sich um morgen, der sich des wahren Selbst in seinem Empfinden, Denken, Sprechen und Handeln nicht bewusst ist. Du musst das Sein, das Selbst, in deinem Empfinden, Denken, Sprechen und Handeln entfalten, auf dass du dann die Sprache des Seins, des Selbst, zu sprechen vermagst. Dann empfindest, denkst, sprichst und handelst du dich selbst, weil du das wahre Selbst, das Sein, das allumfassende Gesetz, bist.*

*Du, das wahre Selbst, die Einheit in Gott, bist dann wieder als Ganzes in jeder Empfindung, in jedem Gedanken, in jedem Wort und in jeder Handlung.*

*Denn das Gesetz, Gott, ist unteilbar – es ist alles in allem. So, wie du das Sein, das Selbst, bist – alles in allem und in allem alles –, so bist du auch in jeder Empfindung, in jedem Wort und in jeder Handlung alles. Du selbst bist als Essenz in dem, was von dir ausgeht.*

*Sendest du dich, das wahre Sein, das wahre Selbst, das Gesetz, Gott, dann stehst du in Kommunikation mit dem wahren Sein, mit dem Selbst, mit dem Gesetz.*

*Wo du, das wahre Sein, hinsendest, dort baut sich die Strahlung deines Selbst als Bild und Form auf, auch in der materiellen Welt, auf der Erde. Mit der Zeit kommt das zur Auswirkung, was du, das Selbst, im Strahlungsbild und in der Strahlungsform aufgebaut hast. Was dann auf dich und deine Umgebung zurückstrahlt und was dadurch auf der Erde manifest wird, ist wieder das ewige Gesetz, das Selbst, das Sein.*

*Dein wahres Selbst ist deine göttliche Mentalität, sind deine göttlichen Fähigkeiten, bist du als Wesen in Gott selbst. Was du bist und was du aussendest, das realisiert sich; denn jede Empfindung, jeder Gedanke und jedes Wort reift, um sich zu erfüllen. Das ist das Gesetz Senden und Empfangen.*

*Auf der Erde kann sich also sowohl das Positive, das Göttliche, aufbauen, als auch das Gegensätzliche, das Dunkle. Du bestimmst es, denn du bist der Bestimmende für dich selbst und für deine Umgebung – und du selbst trägst zum Aufbau des Lichtes oder zum Niedergang der materialistischen Welt bei.*

*Erkenne also, was Senden und Empfangen bedeutet: Im Sende- und Empfangspotential liegt gleichzeitig die Verantwortung für dich selbst. Was du sendest, das wirst du auch empfangen. Was aus dem Innersten fließt, geht wieder in das Innerste ein und baut sich auch als Licht und Kraft im Äußeren auf.*

*Keine Sendung verfehlt ihr Ziel, weil sie zielbewusst ausgesandt wurde. In jeder Sendung liegt innewohnend das Ziel.*

*D*ie ganze Unendlichkeit ist auf dem Vater-Mutter-Prinzip aufgebaut, auf Polarität und Dualität, auf Senden und Empfangen, auf den positiven und negativen Polen. Dieses Prinzip baut sich auch in den Evolutionsstufen der Mineralien, Pflanzen und Tiere auf, bis hin zum vollendeten Geistwesen.

Der Fall hat sich das göttliche Prinzip zu eigen gemacht und es auf sich angewandt. Er nahm folgende Umpolung vor: Aus dem göttlichen »Verbinde und sei« wurde »Trenne, binde und herrsche«.

*Das bedeutet, dass der Fallgedanke eben-falls die Fähigkeit hat, sich selbst zu verwirk-lichen, also das zu bewirken, was ihm vorge-geben ist. Die Vorgabe kommt wieder auf den Sendenden zurück durch das Prinzip Senden und Empfangen.*

*Das umgepolte Prinzip besteht so lange, wie Menschen hierfür Empfangsstationen sind, also Empfänger, die wieder Gleiches und Ähnliches senden.*

*Ich, Christus, kam als Jesus zu den Men-schen, um sie das Gesetz Gottes zu lehren und vorzuleben: Verbinde und sei.*

*Ich Bin der Christus, der sich offenbarende Geist, der wiederum lehrt: Verbinde und sei.*

*Durch willige Menschen Bin Ich, Christus, der Umgestalter des Fallgesetzes, des Trenne-binde-und-herrsche-Gesetzes.*
*Ich wandle alles Gegensätzliche zum Gött-lichen um. Die niederen Energien werden hochtransformiert, wodurch sich das Fallge-setz – Trenne, binde und herrsche – auflöst und alles wieder das Sein ist, das reine, ewige Gesetz: Verbinde und sei.*

*Der Mensch im Wandel vom Gegensätzlichen zum Göttlichen, vom „ich will" zum Es Werde, wird in seiner Struktur immer feiner. Er erhebt sich zum wahren Sein, das keinen Gedanken hat.*

*Jeder Gedanke ist Gegenwart, Vergangenheit und Zukunft in einem und ist getragen von der erhaltenden Energie, dem Geistbewusstsein.*

*Die Gegenwart ist das Oberbewusstsein. Die Vergangenheit und die Zukunft sind das Unterbewusstsein. Das Geistbewusstsein ist das Leben, ist die erhaltende Energie, die durch die Umwandlung wieder zur fließenden Gotteskraft wird.*

*Wer in Mir, dem Christus, lebt, durch den lebe Ich.*

*Er ist weise geworden und bedarf nicht mehr der Meinung seiner Nächsten, weil er alles durchschaut und um alle Dinge weiß. Er ist dann auch kein Meinungsbildner mehr, denn: Wer meint, der weiß nicht. Der wahre Weise weiß und meint nicht.*

*Der Mensch, der zur Unpersönlichkeit er-*
*wacht ist, hat den Stein des Weisen gefunden.*
*Aus allem, was gesprochen wird, hört er die*
*Gesetzmäßigkeit heraus – und erkennt darin*
*wiederum das Ganze, weil das Ewige, die*
*Wahrheit, sich immer ganz mitteilt.*

*Da alles in allem enthalten ist, solltet ihr*
*Folgendes beachten, um zur Erkenntnis der*
*All-Einheit zu gelangen:*

*Was du säst, darin Bin auch Ich.*
*Wohin du gehst, dort Bin auch Ich.*

*Was du also säst, wo du also säst –*
*in allem Bin Ich.*
*Wohin du auch gehst – Ich gehe mit.*

*Das Du Bin Ich, weil in allem Ich Bin;*
*und das Ich bist du, weil Ich in allem Bin.*

*Du bist hier und dort,*
*und Ich Bin hier und dort.*
*Es gibt also keinen Ort,*
*wo Ich nicht Bin und wo du nicht bist.*
*Deshalb finde dich in Mir,*
*und Ich Bin das Du in dir.*
*Wohin du denkst – dort Bin Ich,*
*was du sprichst – darin Bin Ich.*

Zu wem du auch sprichst, es beinhaltet Mich, das Selbst, das Ich Bin – das auch du bist, das in deinem Nächsten ist und das in allen Dingen, Geschehnissen und Ereignissen ist.

Das ist das Gesetz. So dachten und denken, so lebten und leben die Propheten Gottes.

Merkt euch: Ihr könnt nicht zwei Herren dienen. Ebenso könnt ihr auch nicht zwei Menschen unterschiedlich lieben. Wer dies tut, der wird den einen annehmen und den anderen verschmähen.

Deshalb heißt das Gebot des Lebens: Liebe alle und alles gleich. Das ist das unpersönliche Leben; das ist der Himmel, der auf die Erde kommt.

Der Geeinte ist das Selbst, ist das Einssein, ist zum Licht geworden, ist der Göttliche, weil er im Strom, in Gott, lebt. Er lebt in Mir, und Ich lebe durch ihn, und wir kennen uns, weil wir Gott kennen, da wir göttlich sind.

*Wer auf den Geist Gottes sät, der wird auch vom Geist Gottes ernten. Wer auf den Menschen und auf die menschlichen Taten sät, der wird auch nur vom Menschen und nur Menschliches ernten. Das eine ist ewig – das andere vergänglich.*

*Der Mensch und die Materie sind nur Projektionen des Inneren. So, wie der Mensch denkt, so ist er. Das ist die Projektion seiner Empfindungs- und Gedankenwelt, seiner Worte und Handlungen.*

*Deshalb kann sich niemals der Schein gegen das Sein erheben, niemals der Schatten gegen das Licht. Der Schatten wird am Licht zerbrechen.*

*Der Geist unseres ewigen Vaters ist die einzige Realität, die einzige Wirklichkeit, die ist und regiert ewiglich.*

*An diesem heiligen, ewigen Bewusstsein, Gott, wird die Materie zerschellen und alle zerbrechen, die sich an die Materie binden.*

*A*ls Jesus von Nazareth lehrte Ich die Meinen: Die Zeit wird kommen, in welcher immer mehr Menschen in das Licht der Wahrheit eintauchen, das Ich Bin. Sie werden im Ich Bin leben, in Mir, dem Christus, und auf dieser Erde das Innere Licht und das Innere Leben verkörpern, das Ich Bin.

Ich Bin der Weg, die Wahrheit und das Leben. Ich komme zu den Meinen und bringe ihnen das Ich Bin. Doch Ich werde nicht mehr im Fleische kommen; Ich werde im Geiste unter ihnen sein – unter denen, die das Licht, das Ich Bin, tragen.


*I*ch, Christus, kam in Jesus in diese Welt, um den Menschen zu dienen, nicht ihrem Menschlichen. Das Gleiche gilt für alle wahren Propheten. Sie kamen in diese Welt, um den Menschen zu dienen, nicht ihrem Menschlichen.

Wer die ewigen Gesetze hält, der wird es ebenso halten, wie Ich es gehalten habe und alle Propheten. Wir kamen in diese Welt, um den Menschen zu dienen, nicht ihrem Menschlichen.

*Durch Meine Erlösertat wird sich das niedere Ich auflösen und alles, was dieses hervorgebracht hat.*

*Das Blatt hat sich gewendet. Nicht die Schöpfung Gottes löst sich auf – wie es der Feind des Guten zum Ziel hatte: die Auflösung der göttlichen Schöpfung, um Gott selbst zu sein. Das menschliche Ich löst sich auf und alles, was dieses hervorbrachte und hervorbringt.*

*Möge sich das Blatt in jedem von euch wenden: Löst das menschliche, das niedere Ich auf – dann findet ihr zum Ich Bin, in dem Ich, Christus, lebe und Bin.*

*Der Christus-Gottes-Geist, der im Vater lebt, muss in der Seele des Menschen zum vollen Erblühen kommen.*

*Sobald die Seele in die Vollkommenheit eintaucht, in den Strom des ewigen Seins, wird auch der Mensch die Wahrheit kennen und sie in Gedanken, Worten und Werken zum Ausdruck bringen, weil er dann aus dem Bewusstsein der Vollkommenheit, dem ewigen Sein, schöpft.*

*Haben Seele und Mensch den Christus-Gottes-Geist, der im Vater lebt und in jeder Seele wohnt, noch nicht entwickelt, dann wird* der Mensch die ewigen Gesetze nicht verstehen, welche die Wahrheit sind. Gleichwohl ist der Geist der lebendige Quell in jeder Seele und in jedem Menschen. Trotz Dunkelheit und Ignoranz des menschlichen Ichs bleibt der Heilige Geist in Seele und Mensch.

Wer Mich, Christus, nur annimmt und in seinem Herzen nicht aufnimmt, der hat sich zum Richter über sich selbst gemacht.

Wer Mich, Christus, liebt, der liebt auch seine Nächsten. Wer Mich, Christus, nicht liebt, der liebt auch nicht den Vater und auch nicht Seine Kinder, die Menschen, die untereinander Brüder und Schwestern sind.

Die Liebe ist das Gesetz des Lebens. Wer selbstlos liebt, der lebt. Wer nicht selbstlos liebt, der lebt nicht; er hat sich unter die geistig Toten begeben.

Jeder, der zur selbstlosen Liebe strebt, erkennt die Stimme der Liebe durch Menschen und durch alle Dinge, denn Gott ist alles in allem, das Gesetz, die Stimme der Liebe.

Bleibt in Meiner Liebe, denn Meine Liebe ist die Liebe des Vater-Mutter-Gottes.

*Wer die Gebote der selbstlosen Liebe hält, der bleibt in Meiner Liebe und ist in der Liebe des ewigen Vaters.*

*Wahrlich, wahrlich, Ich sage euch: Wer diese Meine Worte hört und liest und den Sinn erfasst und vollbringt, was Ich ihm geboten habe, der ist wahrlich ein weiser Mann, der auf Mich, den Felsen Christus, baut.*

*Lesen Sie auch ...*

**Die großen
kosmischen Lehren des
JESUS
von Nazareth**

**an Seine Apostel und Jünger,
die es fassen konnten**

**Mit Erläuterungen
von Gabriele**

*Die großen kosmischen Lehren des Jesus von
Nazareth* wurden durch Gabriele, die Prophetin
und Botschafterin Gottes in unserer Zeit, offenbart
und darüber hinaus ausgelegt und erläutert. Sie
zeigt auf, wie wir sie im täglichen Leben, in der
Familie, im Beruf und in der Freizeit anwenden
können. Wir lernen z.B., unsere Mitmenschen richtig zu erfassen, in jeder Situation das Wesentliche
zu erkennen, zur rechten Konzentration zu finden
und vieles, vieles mehr. Wir finden zu dem Freien
Geist, Gott in uns.

Die großen kosmischen Lehren des Jesus von
Nazareth sind zusammen mit allen Erläuterungen
von Gabriele in einen großen, edel gestalteten
Gesamtband gefasst.

896 S., geb., Halbleinen. ISBN 978-3-89201-585-7

**Das ist Mein Wort**

A und Ω

**Das Evangelium Jesu**

Die Christus-Offenbarung, welche
inzwischen die wahren Christen
in aller Welt kennen

Jesus von Nazareth gründete keine äußere Re-
ligion. Er setzte keine Priester ein und lehrte
keine Dogmen, Rituale oder Kulte. Er sprach
von dem Gott der Liebe, von dem Freien Geist
– Gott in uns. Seine Botschaft der Gottes-
und Nächstenliebe an Mensch, Natur und
Tieren wird heute von den Schleiern der Reli-
gionsvereinnahmung befreit: Durch Gabriele,
die Prophetin und Botschafterin Gottes in unserer Zeit, offenbart Christus heute die Wahrheit
über Seine Lehre und Sein Leben als Jesus von
Nazareth.

1084 Seiten, gebunden, ISBN 978-3-89201-960-2
Mit einer Audio-CD mit dem Ewigen Wort aus dem
Reich Gottes: „Der Ruf des Christus Gottes"
und „Die Erscheinung", gegeben durch Gabriele,
die Prophetin Gottes in unserer Zeit

1152 Seiten, Taschenbuch, ISBN 978-3-96446-275-6
ohne Audio-CD

# Ein Frauenleben im Dienste des Ewigen

## Mein Weg als Lehrprophetin und Botschafterin Gottes in dieser Zeitenwende

### Gabriele

Seit nahezu 50 Jahren dient Gabriele Gott, dem Ewigen, als Seine Lehrprophetin und Botschafterin. In ihren autobiographischen Schilderungen gibt uns Gabriele einen lebendigen Einblick in ihren Werdegang als Mensch und ihre Berufung zur Prophetin Gottes, und was es bedeutet, in unserer Zeit Sein Wort, Seine Liebe und Weisheit auf die Erde zu bringen.

Mit diesem Buch halten Sie ein Juwel in Händen; es sind autobiographische Erinnerungen von Gabriele, die ihr Leben ganz Gott geweiht hat und unbeschreiblich Großes für Ihn, für uns Menschen und für die Schöpfung vollbringt.

212 S., geb., Halbleinen
ISBN 978-3-89201-799-8

Ein Gesamtverzeichnis aller Bücher erhalten Sie bei:

Gabriele-Verlag Das Wort
Max-Braun-Str. 2, 97828 Marktheidenfeld, Deutschland
Tel. 0049 (0)9391/504-135, Fax 504-133
www.gabriele-verlag.com